中国殡葬大师职业手记丛书

丛书主编 中民民政职业能力建设中心

最后的顾盼

姜笑 著

大连理工大学出版社
Dalian University of Technology Press

图书在版编目（CIP）数据

最后的顾盼 / 姜笑著. -- 大连：大连理工大学出版社，2025.4. --（中国殡葬大师职业手记）. -- ISBN 978-7-5685-5639-2

Ⅰ.D632.9-53

中国国家版本馆CIP数据核字第2025XC5705号

最后的顾盼 ZUIHOU DE GUPAN

责任编辑：顾　丰　李舒宁
责任校对：张　泓
封面设计：奇景创意

出版发行：大连理工大学出版社
　　　　　（地址：大连市软件园路80号，邮编：116023）
电　　话：0411-84707410　0411-84708842（营销中心）
　　　　　0411-84706041（邮购及零售）
邮　　箱：dutp@dutp.cn
网　　址：https://www.dutp.cn

印　　刷：大连图腾彩色印刷有限公司
幅面尺寸：147mm×210mm
印　　张：6
字　　数：130千字
版　　次：2025年4月第1版
印　　次：2025年4月第1次印刷
书　　号：ISBN 978-7-5685-5639-2
定　　价：60.00元

本书如有印装质量问题，请与我社营销中心联系更换。

自　序

放慢送行的脚步

孩子，请放慢你送行的脚步，
天堂的路虽然很长，
但我仍然留恋这最后时光。
心房内虽不再有跳动的回响，
却依然能够感触到你的悲伤，
言语丝丝入耳，
情感却已不能分享。

把送行的脚步放慢些吧，孩子！
今后再也不能欢聚一堂。
请你多花点时间陪陪我，
不必泪眼汪汪。
我们在一起的时候，
不用张罗鲜花蔬果佳肴琼浆，
免去寒暄客套迎来送往，

最后的顾盼

你只要静静地陪在我的身旁。
给我讲讲童年的趣事,
说我是你学习的榜样。
唱首儿时的歌谣,
再听听那西皮二黄。

当我站在远行的渡口,
请不必哭踊哀伤。
我已了却所有的牵挂,
将与先人们共聚天堂。
在陪伴我的日子里,
你已对我倾诉心殇。
今后,彼此思念时,
回忆起的都将是那些美好的时光。

天堂河,这是个很有诗意的名字,我曾经工作的大兴殡仪馆,就在旁边。无数次从天堂河畔走过,我时常觉得自己就是那个摆渡人。

我是一个会说相声的殡葬礼仪师,白天看人哭,晚上逗人笑。我既不拧巴,也没有人格分裂。沉浸于生命中的每一个角色,我就是一个见悲伤比别人多,听笑话也比别人多的普通人。

我们平均每年火化一万具遗体,这背后是一万个家庭的离别。有白发人送黑发人;有离奇失踪多年遗体才被发现;有因车祸、急病、酗酒等死亡。

遗体送到殡仪馆时,完整的、破碎的、模糊不清的,人死后各种各样的变化和不堪,生命林林总总的无常和失态,于我而

自　序

言，都是工作的日常。

男女老少，高矮美丑，贫穷富贵……人们习惯按照约定俗成的标签将人分类，我们似乎已经忘记，每一个生命都是独一无二的，背后都有期待和热爱。职业的殡葬人通过专业技能和精心关照，令逝者恢复恰如其分的美，有尊严地离开。

伫立天堂渡口，最大的感受还是"来不及"。

现代人是匆忙的，亲人们原本可以聚在一起，谈论和逝者一起经历过的往事，寄托哀思，也因为种种原因从简了。家属能与逝者独处的时间越来越短。即便是在遗体即将火化的最后时刻，也被各种事情围绕——

老大，照片在哪儿呢？

把那包给我。

钱在哪儿呢？中午饭你订了没有？

领导来了，快出去接一下。

老王的份子收不收？

……

从追悼会到火化结束，一顿丧宴，一纸证明，几张发票，一幅遗像，一个骨灰盒。三个小时不到，恍然梦一场。留给生者的，往往是一个未被抚慰的念想。匆忙的、模块化的仪式，令人生最后的告别未免显得有些草率。

不止一次地听到有人说，不能提及已逝的亲人，一提就崩溃。哪怕已经过去多年，还是不能触碰。我了解，是因为突如其来的悲伤和难以弥合的遗憾深深刺痛了内心，那疼痛还没有消解。是因为一切太快了，他们还没来得及跟逝者做充分的告别。

3

最后的顾盼

　　作为职业的殡葬人,我们希望陪伴家属走完最后一程,帮助他们做一场庄严的告别。然而,鲜有家属提前与我们沟通,聊聊逝者的人生故事,谈谈对他们往昔的回忆,认真地讨论怎样送行才能更恰当地表达对逝者的尊敬与缅怀。

　　我们国家提倡厚养薄葬,"薄"的是程序,而不是亲情。

　　我有一名做主持人的朋友,在那个圈子里颇有些名气,主持过很多隆重的婚礼。一次聊天中,他说:"其实,最好的婚礼就是两个真心相爱的人。"他的语气颇有些无奈,"现在太多的婚礼,是办给别人看的。"

　　我深以为然。作为一名葬礼主持人,我经历过无数告别,很多葬礼也是办给别人看的。

　　一个朋友,经过多年打拼,积累了很多财富。父亲去世了,在遗体火化的前夜,我陪他一起在殡仪馆为老人守灵。他讲道,小时候父亲让他背诵古诗,他贪玩不愿意背,父亲就罚他抄写,他找到奶奶撒娇,到最后也没写。在父亲的灵前,他觉得那个遗憾再也来不及弥补了。

　　我劝他:"给你几张纸,你现在就把你知道的古诗写下来。"

　　他当真就趴在椅子上一笔一画地写了起来。写完,他站在父亲的灵前说:"爸爸,我知道您是为了我好,小时候我太淘气了,您让我背古诗,我却贪玩。今天我把我会的所有古诗都背写下来了,您看看吧。"

　　他恭恭敬敬地磕了三个头,把写满诗句的纸张放到了父亲身边,然后继续讲述着和父亲经历的往事,聊了整整一宿。

　　第二天,遗体告别仪式上,他显得特别从容,迎来送往,一切都表现得很有条理。事后他说:"你知道吗?守灵的那天晚

自　序

上，当我把亲手抄写的古诗放在父亲身边时，我感觉我的心和父亲紧紧地贴在一起，我没有留下遗憾。"

其实，很多的"来不及"，有心的话就还来得及。

2011年，我独自一人去台湾省学习殡葬服务。在同行的带领下，目睹了一场让我终生难忘的告别仪式。逝者生前在巷口卖豆花，数十年如一日，起早贪黑，靠着一碗一碗的豆花将五个子女养大成人。葬礼前一天，儿女们严格按照父亲的程序和工艺，泡豆、打浆、点制、熬卤，亲手做了一夜的豆花，放在保温箱里。

第二天追悼会上，儿女们播放了一组影集，以巷口那小小的豆花摊为主线，一张张照片伴随着安详如诗的舒缓音乐跃然眼前。年轻的父亲独自一人忙碌；长子在摊位旁边照顾小妹；长姐帮忙招呼客人；刚放学的小弟捧着一碗豆花贪婪享用；忙碌的人们排队等候着一碗香醇的豆花；一个母亲手捧豆花轻轻吹气，小女孩仰头期待地看着……小小的豆花摊，见证了整个家族的幸福和努力。

视频播放完毕，以小推车为移动商店的小小豆花摊被推了出来，里面摆满豆花，豆子厚朴的香气弥漫在告别厅。儿女们恭恭敬敬地为每名来宾端上一碗热腾腾的豆花。大家吃着豆花，听儿女们讲述着父亲的往事，那个画面，美极了。

每名逝者都有不同的故事，作为亲友，静静聆听生命最后一程的声音，一切就还来得及。

曾经在电影里看到一场"人生告别会"，那是一个活人的葬礼。在离开以前，邀朋友们相聚，所有的话都还来得及说，所有的事都还来得及做。大家回忆着明媚灿烂的青春芳华，讲述着披荆斩棘的奋斗岁月，放肆地笑，默契地哭，这样的生前告别，在我看来，也算是圆满。

又或者在更早以前，我们在日常的每一天都与对方更多了解，更多相处，更多表达爱或者怨。

我们曾接收过一具遗体，一名独居老人去世八天在家中被发现。面目已经发生变化，身体已经腐烂。儿女赶过来的时候说："能化妆吗？一定要恢复如初。""寿衣要最好的！""骨灰盒要最贵的！""告别厅要最大的！"

当我们为老人设计告别仪式时，询问老人生前的喜好，爱吃什么？爱喝什么？喜欢穿什么衣服？喜欢看什么电视节目？喜欢去哪里遛弯？几个子女面面相觑，谁也回答不出来。

这时，一个女儿哭了起来，"妈妈，我回家去看了，我给你买的营养品都还摆放在墙角，你都没有吃，你是不喜欢吃吗？你喜欢吃什么呢？你告诉我。"

其他的儿女也跟着哭了起来，从轻声啜泣到嚎啕大哭。

哭是对逝者表达缅怀、挽留、不舍的一种方式，正是因为明白这一点，所以告别时，总是哭得很久很痛。但是，比分别更痛的是，虽为至亲，却不曾了解过对方。

生命之前，死亡之后，都是漫长的永恒。
我们享受生命的时候，很少会想到死亡。

死亡总是猝不及防，那些仿佛永远不会停止的琐碎，日后也许都是挥之不去的思念，和难以释怀的自责。我们无法掌控无常的生命，那就让告别来得更加具体。早上出门说"再见"，晚上道别说"晚安"，聚会时说"你好"，分别时说"再会"。

当我们倾尽所有去爱，去赤诚相待，哪怕终有一别，我们想起另一个世界的人，也只有温柔的思念，而没有刺心的疼痛。

自　序

就像日本电影《入殓师》中的一幕，唯美的镜头里，主人公拉着大提琴，用音乐娓娓诉说生如夏花之绚烂，逝如秋叶之静美，真诚表达着对死亡的理解和尊重，也让活着的人更懂得珍惜。死亡是一首庄严的乐曲，每个人都要奏响，无论是爱是恨，都要趁来得及。

目　录

主持自己的"追悼会"/1

破碎的悲伤/7

最后的顾盼/15

最简单的葬礼/18

抢骨灰/24

"多收"一份钱/30

骨灰盒的故事/35

忍辱负重奖/51

告　状/58

告别电台/67

再看你一眼/72

最后的顾盼

死刑犯送母亲/83

藕断丝连/88

并　骨/92

盛夏停电夜/96

礼　物/101

世界上最轻的花瓣/108

没有眼泪的人/112

谁是最后扶你的人/117

看淡生死的人/123

"白事顾问"/132

你们这全不对/138

赵老爷子/150

常回来看看/162

沉痛悼念马瑞生先生/165

可以复制的大师/168

后　记/175

主持自己的"追悼会"

按照职业习惯,主持一场追悼会当从了解开始,了解逝者的生平,了解生者的需求。主持自己的"追悼会",就从介绍自己开始吧。

我父亲自幼爱好曲艺,后来从事专业的文艺工作,于是按照他老人家的安排,我三岁就开始学习相声。父亲自然而然地成了我第一个搭档。

十岁,我拜丁玉鹏先生为师,现在想来,这标志着相声从我的业余爱好向专业化的方向发展。

对于拜师这件事,我父亲煞费苦心,几经周折才成。这事按下不表,先说说他为什么那么大劲头儿让我往专业方向发展吧。当时,我学习相声的精神头儿特别大,每天早晨起来就对着镜子背词，下午放学后也积极地对词。

在学校里，我与同班同学应宁组成了一对，我们都有着自幼学艺的基础，很快，便创编出不少精彩的段子。随着演出经验的累积，我们的名气不胫而走。

机会总是寻找有准备的人，一名圈内人士看了某报的报道，找到我们俩，邀请我们去青岛录制青岛市春节联欢晚会。

那是1992年，同台演出的有赵丽蓉、毛阿敏、苏小明、郁钧剑等知名艺术家。而我和应宁，是年龄最小的一对演员。我们两个小学生并不怯场，演出非常顺利。我们也算见识了"大场面"。

拜师、专业学习、参与演出，现在回想起来，彼时我表现出来的天赋、热情和勤奋，让长辈们坚信：这孩子以后是要吃相声这碗饭的！

相声是一门幽默的艺术，通俗点说，相声演员就是提供笑声的职业。而我后来的人生，恰恰与笑相去甚远。

1998年，我在北京市民政干部学校中专班就读，那时，已面临毕业分配的现实问题了。

正好大兴区民政局向学校发出通知：北京市大兴殡仪馆

有数个工作岗位，专业要求是熟悉计算机操作。计算机知识对于我来说，可以算是一技之长。于是在同家人商量后，我便主动报了名。

当时年龄小，最朴素的出发点就是：一出校门就有工作了，而且据说工作待遇还相当不错，那还有什么好犹豫的呢？只是后来家人闲聊时提及，可能以后不太好找对象。但是，刚出校门的学生，又怎么会在意那么遥远的事呢？

1998年3月17日，一辆丰田面包车载着我们四个刚毕业的学生开赴北京市大兴区。

那时感觉大兴太遥远了，从未远离父母的我，觉得自己就像一只刚刚学会飞翔的小鸟，不知何时才能归巢。

天也应和着心情，阴得十分压抑。然而，想象中很破很旧的院落房屋，都只归于想象，规划得错落有致的大兴殡仪馆，迎来了属于它的年轻的面孔。

一些房屋还在翻建，宿舍很整洁，食堂也很干净。

浮动的心，怀着好奇，安定了下来。头三天，没有给我们安排具体工作，只是跟着同事做些力所能及的业务。

我时常俯在窗边望着院落，一句歌词于耳畔循环播放：天堂里有没有车来车往……

那一天，最真实的感觉就是，虽然天堂在我们的想象中是那么的虚幻，但此时，在我的眼际，却恰恰是一幅生命终点站的真实景象。

怎么会有那么多的车来了，将该留下的留下，将该带走的带走……最后，由我们，登记赶赴下一站往者的名单。原来，每一天，每一时，每一刻，都会有人在哭泣声中再也无法挽留地"移民"到另外的世界去了。

终于，我们也要正式上岗，完全投入到正式工作中了。

我所做的第一件事，便是给火化工帮忙。

当未谙世事的一双手，第一次捧起沉甸甸的骨灰盒，忽然就意识到：这小小的盒子里装着的，曾经是一个鲜活的生命啊！这生命，也曾有他的春夏秋冬、寒来暑往……于是，心里默默地向他道一声珍重："您走好！"

现在回想起来，我还真适合做这行，当我还不了解技术、工艺、沟通等业务细节的时候，我已经懂得对生命的敬畏。

我这个人天生好奇心重，干什么都有股子热情，像是小时候学相声那样，很快，我也对殡仪馆里的各个工作环节产生了浓厚的兴趣。每一个环节，都去了解学习，去琢磨研究，真正实践着"干一行爱一行"。

转瞬间，距离我第一天进入殡葬行业，已经近二十五年了，如今大家对殡葬的认知、理解，比之二十多年前，已经开放、包容了许多，但我还是时常被问："你为什么会选择殡葬行业？"

相较于教师、医生、警察、厨师，可能我们这行被问"为什么"的次数更多，那么，是为什么呢？为什么会选择殡葬行业？

我想其中一个原因是家教——家里不忌讳。

我爷爷是棚匠出身。棚匠，就是旧时经营搭棚的工匠，多见于北京、天津、河北一带。很多文学经典里，都有写这个职业，比如《四世同堂》里的刘棚匠。喜棚、丧棚、茶棚、凉棚等等，根据老百姓的需要来做。

小时候听爷爷说，抗美援朝和谈之际，他老人家还前往板门店，亲手搭建了谈判大棚。说起这段往事，老人家总是流露出骄傲的神态。我小的时候，大约20世纪80年代，还常见个人家搭棚，大办红白喜事。这样的耳濡目染，或许影响了我的职业选择。

从事殡葬行业很多年以后，我又有机会登台说相声，在单位领导和同事的支持之下,我开始了"白天看人哭,晚上逗人笑"的双重体验。笑中带泪,泪中带笑,人生从来没有截然分开的喜怒哀乐,都是掺和着来。

  一次演出结束,回家路上,伴着夜色我突然想起,小时候家里有一只小台灯,台灯上有一株椰子树。我常常喜欢将自己的一寸照片插在那小树的旁边,而后,拉动灯绳,灯光一闪一灭之间,我早就给自己,主持过"追悼会"了。

破碎的悲伤

到殡仪馆工作那年，我只有十八岁。在此之前，我对生死的感受，来源于书籍、电影、电视剧。艺术家贩卖的"死亡"往往是极致的，或微小，或壮美，或血腥，或哀婉；或声泪俱下，或难以名状。总之，穷尽一切想象力，让"死别"具有意义，荡涤心灵，或者发人深思。

然而那些经验，于我们的生活是山亦是纱，无论近远薄厚，都不属于我们。

现实里，死亡仅仅是死亡，碎了一地的死亡。

1

第一次亲临事故发生地，之前脑海里连一点想象都没有。在路上，有经验的老同事给我壮胆，"到了那儿，先悄悄跟自己说三声'我不怕！我不怕！我不怕！'"

兴许是他的样子像极了哄孩子的大人，与我们即将奔赴的事故发生地形成强烈对比，引发了车内一阵笑声。可是，这些笑声的作用也仅存在车厢内片刻，很快就像是被人用砍刀猛然劈断。迎接我的，是一番惨不忍睹的场面。

一个大型的施工工地，人声鼎沸。高高的吊车正被检修着，搅拌机仍然没有停止工作。从还在劳动的工人脸上，我读不出惊吓或者恐惧。我们是到事故发生地"拉遗体"的，然而并不见遗体。

工地上的车实在太大了，是我此前人生经验中不曾见识过的大，工作起来的声音像是一辆坦克，大吊车上吊着集装箱，突然坠断绳索，从高空落下。重达几吨的钢铁，从高处带着重力加速度将一个人砸在下面。可想而知，这个人还会不会存在。

我们已经无法在一堆稀烂的泥沙里翻找出一具完整的遗体了。工地负责人递给我们几把铁锹，分不清是遗体还是泥沙，就这样被铲进了遗体袋。

回到殡仪馆，我们把"人"从遗体袋拖出来，一边冲洗，一边辨认。有一些发丝，有一些散碎的布料，还有一只已经被砸得面目全非的皮鞋。灵床上摆放着凌乱的组织，有谁还能认得出这竟然会是一个鲜活的生命呢？

我们曾送别过一位被火车意外碾断背部的巡道工。好在躯体尚存，通过缝合，折断的四肢也大致能够恢复原有的样子。

可是，工地的这位逝者，是破碎的。

"留个全尸"是古装剧里时常出现的台词。中国人自古有这个传统，一个完整的躯体，即使有些残缺、有些模糊，也要比衣冠冢有人情味。实在没有遗体了，衣冠冢表达哀思，也要有。这是我们的传统，也是我们的情分。

那一天，冲洗、比对、排列、拼凑、缝补，我们整整忙活了24个小时。奇迹真的发生了！当逝者家属看到完整的人形，一边哭泣，一边感谢我们。

身体纵然破碎，悲伤也要完整。

2

一位南方来京的女孩儿，喝了一整瓶农药，自杀而死。

平日拥挤的告别厅，那一天格外冷清。没有接受安慰的

最后的顾盼

家属队列，连我们的哀乐队都省却了。为她最后送行的，就只有一个人——她的叔叔。

叔叔立于遗体前，不停地给她掖掖被子，理理头发，一边叫着她的小名，断断续续地跟她说着话。从穿着打扮和浓重的南方口音，猜想她这位叔叔应是久居乡下。

我默默在心里把这位叔叔的话翻译成普通话——

当年，是我把你送到火车站，我千叮咛万嘱咐，你一个人到外地打工，一定要保护好自己，照顾好自己。我知道一个女孩子独自在外不容易，所以才让你一定要勇敢些，坚强些！

没有过不去的难关啊！今天可好，你为了一个男人，这样作践自己的命！

你这一走是容易了，可你有没有想过家里人啊？

我看着你从小长大，一天一天变成好看的大姑娘。能挣钱养家了，也不需要叔照顾了，你就一个人走啦？家里的哪一事哪一物，不都还能让我们想起你？

你爹死得早，你娘早早跟别人走了，可你爷爷奶奶还在呢！现在，你让我回去怎么跟他们交代？他们都一把年纪了，白头发都数不过来了，还硬硬朗朗地活着，你却一狠心，做了这么一桩糊涂事！

今天我把你送到这个地方，我要说的还是以前那些话，要自尊自强，要勇敢坚强！以后，我就不能再照顾你了。投胎过去，可千万不能再做这样的傻事了！你一个人在那边，也要好好照顾自己。

你走吧，以后就靠自己了，要好好走，别再有闪失了啊！

这个叔叔一个人说着哭着，哭过又说，我从来没见过有人像他这样，能够苦口婆心地对逝者说上那么久。我想，他是真的爱他的侄女，担心她、挂念她。他的语态缓慢而温暖。

最后，叔叔从口袋中摸出了一张照片，是女孩儿和男友的合影，一把一把地用力撕碎，快速决绝地说了一句"断了吧！"然后，结束了告别仪式。

从他的话里，我们听到了一个女孩儿并不顺利的短暂人生，没有父母的关爱，远离家乡打工，被男友无情地伤害。但也有属于她的小确幸，像是阳光穿过茂密的树叶投射在泥土之上，斑驳的光影、树影，是充满生命力的样子。她叔叔对她的挂念正是这份光影，如影随形。

我一直记得这个特别的仪式,没有冗余的装饰,没有众多的亲友,只有漫长而殷切的嘱托,和他帮助侄女做的那个利落的决定。

悲伤碎了一地,但亲情坚固。

3

她是分"两部分"用袋子包着送来的。卧轨自杀,车轮正好从她的腹部横轧过去。

她是一名大学教授,50多岁。职业和年龄,都让我困惑和惋惜。她是知识分子,应比我懂得更多;人到中年,应比我睿智得多。是什么样的痛苦或绝望,让她甘愿承受这断身之痛?

家属要求对遗体进行整容。

仔细冲洗、消毒过后,所有的裸露处用绷带一一包扎缠绕,手臂处装上一截假体,尽量恢复原有的长度和形态。然后将缠绕好的上下两部分躯体尽力缝合,为她穿上衣裤和鞋子,大红棉衣的扣子一颗一颗扣好,整理服帖。

清洗面部,化上淡妆,在她身边摆放上鲜花,昔日温婉知性的大学教授又回来了。有个成语是"栩栩如生",一切看上去又完整了。

家属们看到她"恢复如初",哭得更厉害了。

的确,活着需要如初的勇气。

4

有一年到年根儿了,值夜班,聊的也是"年"。在哪儿过年,置办什么年货,买些什么新衣新鞋,给家里老人孩子添些什么,都是喜庆的期盼。

晚上八点多钟,有人打电话:"你们来一趟吧。别开面包车,要一个能装五具遗体的大车。"

能用的只有卡车了。我们带了五个遗体箱,前往出事地点。

那天特别冷,还有一里多地的时候,就看到路上堵满了车和人,道路双向封闭,根本过不去。我们打了电话,逆行过去。

稀疏的路灯并不亮,渐渐往前走,路面上凌乱散落着碎车灯、带血的手机。一个警察推着发电机在走,影影绰绰看见有人在照相,远远地看到一辆大卡车,卡车后面是一辆变形的小奥拓。目光所及之处,一块块、一片片,尽是散落的血肉。

最后的顾盼

路面上、路边的水沟里、卡车下,到处都是血迹,以及分不清是哪个部位的肢体,血腥味使冬夜更凛冽了。

等了半小时,警察勘测记录完毕,让我们过去。

眼前的一幕让我震撼不已。都不知道姓名,只标注了男女、血型和位置。

事故还原出来:两辆车,五个人。奥拓上坐着四个人,司机酒驾,卡车司机当时在路边换轮胎。毫无征兆地,奥拓横冲直撞上去。

殡仪馆是不保管遗物的,由交警负责收集,以便家属辨认。我们把遗体装箱并排放在卡车上拉回殡仪馆。一个多小时后法医来提取血样,确定了是交通事故。冷藏。

两天后,逝者家属陆续赶了过来。

责任认定结果是奥拓负主要责任,因为是酒驾,保险公司拒赔。大货车停在路边但没有标志,也是违法的。

夜以继日加班,好不容易把遗体的局部归位。整容室里,五具遗体并排躺着,都不到三十岁,家属痛哭不已。我们看着,不胜唏嘘。

就要过年了,团圆的时刻,五个原本完好的家庭就这么破了大窟窿。

最后的顾盼

进入殡仪馆工作的人,坚守在一两个工作岗位上的居多,毕竟术业有专攻。而我因为天生好奇心重,早早地,对属于那里的一切,都急切地想要了解。

一日,听到火化车间的几个同事闲谈,他们提到了"诈尸"一词,直接敲在了我的好奇神经上。从那天之后,我便有意无意地就往火化炉前凑上一凑。

这一天里,终于被我目击到"死而复生"。

像往常一样,目送一具遗体送入火化炉,那扇炉门就是生死之门。

检查炉门已经关闭,按动点火控制钮,透过观察孔,我看到冉冉升起的火苗,慢慢地演变成熊熊燃烧的火焰。猝不及防地，死者慢慢地"动"了起来，炉台面上的沉寂被打破，瞬间我那个心哪扑通扑通地就加速跳了起来。我用手揉揉眼睛，再看过去，逝者手脚缓慢而规律地抬起、下压……像是在火焰中挣扎着要坐起来。

我心想：这可不是他们轻描淡写的"遗体在炉火中动"啊，这像是图财害命啊！我目瞪口呆，忐忑不安，回头看了看周边，试图寻求帮助，空无一人。

然后，又紧闭双眼，让自己充分冷静下来。等我再次睁开双眼，火化炉内已经回归平静，不见"起死回生"的迹象了。

我深深地舒了一口气，一颗心轻轻地落了下来。忽然，一只手，从后面，重重地拍了我一下。"啊！"我几乎吓掉了半条命，用尽气力喊出来。

在这个时候，这样一下突然袭击，"会吓死人的！"我嗔怪地叫道。看着同事那幸灾乐祸的脸，我猛然醒悟，其实是自己在吓自己。彼时，刚刚入行的我，不明就里，因为无知所以畏惧。

后来，经过同事讲解，我又查阅了一些书籍，才了解所谓"最后顾盼"的缘故。原来，有个别的遗体，被送入火化炉后，经过突然高温受热的过程，会出现貌似突兀的现象，其实是生理机能的表达。筋膜突然受热，便会带动骨骼迅速收缩、变形等。由于空间狭小，火焰影响着外面人的视觉，便诞生了超现实的恐怖场面。

知其然又知其所以然，我再不觉得此现象有什么恐怖了。

倒是火化车间的同事习惯性地调侃，道出更深层次的含义。他们说，死者为大，入土为安。遗体被送入火化炉，来于尘归于尘，化作骨灰已矣。

文明的发展方向，是要人们遵循科学的轨迹，认识生命，尊重生命，从而破除迷信，更正确地了解大自然与万物生灵的奥秘啊！

最后的顾盼

最简单的葬礼

天有不测风云，人有旦夕祸福。很多人是在夜里走的，这个面向死亡的职业，没法儿设定仅限白天的营业时间。

二十多年前的一个冬夜，赶上我值班。

凌晨4点多，我隐约听见大门响，像是有人敲门，但声音很轻，兴许是风蹭着大门刮，我没有理会。5点，到了开门的时间，又听到了轻微的敲门声。我推门的时候，感觉大风按着门，劲儿特别大。我用尽力气推开门，风灌进来吹得我一阵哆嗦。

天都被风吹阔了，一抬头，不见一片云彩，偌大一轮明月。

一眼瞥见，大院的里墙边上停了一辆手推车。车旁蹲着一个人，手里夹着烟，忽明忽暗地闪着。看见我开门，那人猛地站了起来。兴许是蹲得太久，没怎么站稳，身子摇晃着，倒像是被风吹动的。

他不好意思地把烟丢到脚下碾了碾："师傅，上班了吗？"声音听起来有点嘶哑。

我走过去，见是名老人，披着一件军大衣，里面穿着一件黑棉袄，许是一冬天没换洗了，黢黑锃亮，胳膊肘处破着大洞，露出的棉花也黑了脸。

"您要办理什么业务？"

虽然我工作有些时日，但是这大清早，孤零零一个老人来殡仪馆，也是第一次遇上，有些摸不着头脑。

"火化。"老人的声音很轻，带着些不好意思的语气，像是扰了我们。

"遗体呢？"我四下里张望，没看到殡仪馆的灵车。按照我们固有的思维，大家办理后事都是从殡仪馆租用灵车。一辆车承载了一切事务，直达目的地。

说着话，我瞥见不远处的一架手推车。

几乎是同时，老人指了指停在墙边的手推车。一架普通的平板车，两个轮子，要倚着墙根儿才能停稳，手柄被抓得黑亮。车上的大花棉被下现出一个人形。这应该就是死者了。

当我的目光从手推车再次移回老人的时候,他微驼着背,迎着风就那么站着,既没有冻得跺脚,也没有不停地搓手,应该是手脚已经冻得有些麻木了。他的脚边布满了烟头,都是烧到烟屁股那种。

"您什么时候到的?"

"4点。"他低声说着,抓起推车手柄,准备跟我走。

"那您怎么不叫门呢?"我很自责,第一次听到门声,就该来开门的。

"我……我怕耽误你们休息。"他再次露出不好意思的神情,眼神躲闪着。

我带老人去了车间。他的手已经冻僵了,黑黄皲裂,捻了好几次才把粗糙的袋子打开。

"您的子女呢?"我从老人手里抓过袋子,帮他一起装殓死者。

老人沉默了几秒,"没有。"

死者是一位老妇,瘦小、憔悴、枯黄。老人伸手在老伴儿眉心处轻轻捻了捻,帮她舒展眉目。

我卖力地帮他把遗体抬到担架车上,推起车往火化间走,他跟在我身后。

火化前需要办手续,老人不识字,我就一项项地询问他的意见,代他填写。问到了骨灰保存这一项,因为殡仪馆保管骨灰是收费的,他再次沉默。过了好一会儿,他才说:"我想,就不要骨灰了……"他窘促地看着我,声音很小,几乎是哀求。

我怔住了。

"没有地方放。"也许是担心我不同意,他慌着解释。

不知道因为什么,我有些想了解他,停下笔,和他聊天。

老两口在市区租了一间小房子,靠捡破烂为生。用老人的话说,"捡破烂比伸手跟别人要强"。老伴儿身体一直不好,硬撑着,直到前一天傍晚,天刚擦黑,走了。死人的事,怕被街坊邻居知道,老人担心传到房东那里,一间房里死过人,以后还怎么好出租?

一个人悄悄地开了死亡证明,闷在家里,陪老伴儿度过最后的几个小时。

夜里11点钟,老人推着那辆捡破烂的手推车出了门。只是,这次他没有吆喝,车后也没有老伴儿蹒跚地跟着捡废纸盒。北京的冬夜里,他一个人推着老伴儿,从市区一路走到位于近郊的殡仪馆,四十里的路,走了五个小时。

应他的请求,我代他写了一份不保留骨灰的声明。他重新点上一根烟听着我读,似懂非懂地点头。字必须是本人来签。我把材料递到他跟前。他攥起笔,吃力地画出了自己的名字,字写得很大,印迹也深。然后,用大拇指蘸足了红印泥,重重地按了下去,怕不清楚,又左右晃了两下手指,加了力道。手拿开时,两三道指印重叠着。他似乎觉得错了,举起拇指,看着我,又是一脸的不好意思。

"没事,能用。"我一边安慰他,一边把声明收了过来。抽屉里没有这样的文件,我犹豫了一下,没能给它找到归类,不得不新辟了一个空间放进去。

终于办完了手续,老人如释重负地叹了一口气,对着火化间的方向喃喃低语:"你慢点走,等着我去找你!"

老人拢了拢大花棉被,推起手推车,我送他到院外,望着他肩膀颤抖的背影,渐行渐远。6点,风停了,天越来越亮。殡仪馆大院墙边的一排早就没了叶子的树,孤单地站立,却没有哪阵风能吹动它。

没有墓地,不留骨灰。花圈、悼词、仪式和家属答谢,都省去了,这是我平生办理过最简单的葬礼。

二十多年过去了,每每想起一个孤独的老人推着老伴儿,步行五小时,穿过北京冬夜,那是多么珍贵的情分,令人泪目。

最后的顾盼

抢骨灰

我们单位有条不成文的规定：见证发骨灰，认证不认人。解释起来，就是必须有骨灰寄存证才可以取走骨灰；没证，不管你是死者的"谁"，都别想把骨灰取走。这条规定的由来，细说起来，还有段"抢骨灰"的故事。

1

一次，殡仪馆接收了一名老人的遗体，五个子女过来尽孝。火化完毕，子女想办理骨灰寄存，等墓地准备好后再取走骨灰。他家老三代表兄妹几个办了寄存手续，"联系人"一栏写上了老三的名字。

隔天，殡仪馆接到一个电话，是老三打来的，要求在寄存

抢骨灰

档案上加一条：除非是联系人本人，其他任何人都不能取走骨灰。工作人员听罢，没有多想，就在底档上把这个要求加上了。

过了几天，老人的子女带了寄存证来取骨灰，可是，偏偏老三没有来。

工作人员严谨地秉实相告：联系人有要求，非他本人不能取走骨灰。

"凭什么不让取？"

"还有不让儿女碰骨灰的事儿！"

来的几个子女接受不了，当场炸开了锅，从办事大厅一直吵到办公室，对着屋里的几名殡仪馆领导拍起了桌子，嚷嚷着要找民政局。其中一名看起来像大姐的家属，稍微冷静点，两边劝着说和，不过，愤怒的声音太大了，谁劝都没有什么效果。僵持了半个多小时，黑脸、红脸、白脸都唱了个遍，领导咬牙坚持原则，因此也被骂成了"助纣为虐""不通情理"。

大闹过后，几个子女终也没能取走骨灰，怏怏地离开了殡仪馆。

2

又过了几天。

七点半,白班和夜班交接的时间,骨灰堂的工作人员大部分都还没到位,现有的几个忙得焦头烂额。就在这个档口上,大闹办公室的几个子女又嚷嚷着来拿骨灰了。偌大的营业厅,就两三个工作人员,还有一批等着办理业务的家属,大家相互对视了一下,力不从心。

说什么都不能让取走。工作人员左说右说不管用,伸直了胳膊拦住几度要往前冲的逝者子女:"有记录在先,真不能取走!"

冷不防,家属里一个冷眼观察很久的妇女猛地冲了过去,把骨灰盒往怀里一揣就跑了。

"有人抢骨灰!"太突然了,工作人员傻在了原地。等反应过来追出去,抢骨灰的人已经不知去向了。被抢走的正是联系人千叮咛万嘱咐"其他任何人都不能取走"的骨灰,而且,还没有留下寄存证!

光天化日之下,家属强抢骨灰,这可不是闹着玩的。最要命的是,骨灰寄存证丢了,这可是重大的工作失误!

3

馆里赶紧做两手准备，请了派出所民警来现场提取指纹，同时，打电话给老人的家属，争取妥善解决。工作人员给老三打电话，告知他这一情况，希望他帮忙把骨灰寄存证要回来，老三一听骨灰已经取走了，就说了一句"管不着，这事跟我没关系了"，便挂了电话。

工作人员只好又委屈地给另一方家属打电话，不敢再坚持拿回骨灰，只要求把骨灰寄存证拿回来，百般委婉，光拣好听的说。结果被劈头盖脸一通大骂，整个办公室都听得见话筒里传出的愤怒的骂声。还好，家属最后留下了安葬的地点和时间："好声好气给你们，你们不要，来墓地拿吧！"

那一天雨夹雪，我和同事驾着单位那辆八面透风的"老爷车"来到公墓。

都是逝者的亲戚和朋友，气氛哀伤，我们知趣地退在一旁等着。

安葬仪式有条不紊地进展着。人们痛哭的痛哭，悲伤的悲伤。我们俩缩在车里，一边听着哀乐，一边呼着白气。空调坏了，这个时候坐在车里，唯一的优点可能就是雨雪不会直接打到身上。

最后的顾盼

雨刷不停地刷着玻璃，两个人盯着车窗外，有一搭没一搭地聊着，心里又憋屈又忐忑。眼看仪式就要结束了，他们这么多人，万一来了情绪又不给了，怎么办？

终于，仪式结束了，前来送葬的人陆续上车，完全没有要搭理我们俩的意思。

忽然，瞅见了一位眼熟的家属，我赶紧凑到人跟前，赔着笑脸："您好，我们是殡仪馆的，来取骨灰寄存证……"

这名家属斜着眼睛看了看我们，不耐烦地找到寄存证，一把扔了过来："这不也成啦？早给早不要，不给追着要！"

骨灰寄存证拿回来了，殡仪馆开大会，要做深刻检讨。从此，馆里定下了一条规矩：一切以骨灰寄存证为准，任何人不能私自减少、添加寄存证的文件内容。后来，我们给做了个大白话解读：见证发骨灰，认证不认人。

4

抢骨灰的故事传远了，传来传去，又传回来了，故事内容也丰富了不少。

原来，这几个子女关系一直不融洽，老人生前偏袒老三，其他几个兄妹一直跟老三矛盾重重。后来，老人过世，老三悄悄把老人留下来的房子直接过户到了自己名下,更是激怒了其他兄妹。

几个人一商量,背着老三找块墓地,单独举办老人的葬礼,把老三排除在外。老三听到消息,电话打到了殡仪馆:"除非是联系人本人,其他任何人都不能取走骨灰"。后面"抢骨灰"的闹剧也就由此发生了。

这是一个啼笑皆非的故事,老人身后抢骨灰,抢的仅仅是象征性的老人。老人生前,好好孝敬,兄弟姊妹和睦友爱,比什么不强呢?

"多收"一份钱

多年前，还不像现在，到处都是天眼。

殡仪馆大厅有一个监控摄像头，距离收银台不远，但是常常被人忽略，似乎有它没它一个样。直到那次火化费事件的发生，我们才意识到它的重要性。

这得从要求退火化费的那名大妈说起。

殡仪馆大厅，工作人员有序地忙碌着。突然从门口冲进来两个人，直奔收银台。

带头的是名大妈，身材微胖，精神十足，后边跟的是一名和她年纪差不多的大叔，两人容貌相仿，应该是姐弟或者兄妹。

"我家老人前几天火化，你们收了我两份火化费！"大妈

"多收"一份钱

当头控诉。

"我们来查查,是不是交了两份。"大叔局促地两手交缠着,有些怀疑地扫了一眼大妈,口气明显弱一些。

刚好经手的收银员是名老大姐,工作几十年,从未错漏。她记性还好,记得起这两个人的确来过。但是,一个死者,两份火化费,这种事从未发生过。

看着收银员不置可否的神态,大妈像是被冒犯了,更加生气。左手叉腰,右手伸出,用食指指着收银员开始不厌其烦说起车轱辘话:"你怎么还不承认呢?我家就是交了两份钱!就是你收的!"

收银大姐脾气也火爆:"不可能收两份钱!我笨到那地步就不用干了!"

殡仪馆大厅,两个女人掐起架来,声音越来越高。来办业务的其他家属一拨一拨地都围了上去,里三层外三层,越聚越多,乱成了一锅粥。

后来,吵架队伍移师到了殡仪馆办公室,要找领导讨个说法。

主要领导不在,我被赶到了"架子"上。几个人都在气头上,虎视眈眈地盯着我。

我问大妈:"您说被收了两次钱,发票能出示一下吗?"

三个人一起找。

大叔从钱包里摸出一张发票;收银大姐找到了一张发票存档;大妈从钱包找到口袋,什么都没有找到。

大叔把大妈拉开一步,"内讧"开始了。

"你压根儿没出(钱)吧?"

"出了!是没给发票!"

……

一路听下来,大伙儿明白了。这两人,大妈是姐姐,大叔是弟弟,姐弟俩刚料理完父亲的后事。弟弟说火化费是自己出的,姐姐说自己也出了火化费,然后一起到殡仪馆对峙来了。

大妈一口咬定她付过火化费。这时,我们都想起来了,殡仪馆是有摄像头的!在保安的协助下,我们调出了收银区的监控录像。当事人和围观者一起盯着屏幕,一段录像放下来,并没有大妈交钱的镜头。只有她在收银台前停留跟收银大姐说话的画面。

事实清楚了,大家都准备撤了。只有大妈一个人再次用食指戳着镜头说:"看,她在掖钱!我的钱!"

只有再倒回去看一遍,所有人屏住呼吸,等待"掖钱"的画面，结果还是和第一遍一样，大妈只是在收银台和收银员说了几句话，就离开了。

大叔表情复杂地离开了办公室，大妈也讪讪地离开了。

我们以为，事情就这样解决了。

下午，殡仪馆大厅，一切照旧。

收银员正在忙碌，一抬头，大妈又来了！这回是三个人，大妈和她的儿子、儿媳。

"你让她拉开抽屉看看，我钱还在那儿呢！"才过了一个中午，大妈的精神头又回来了！

如果说早上收银员还是出于对业务能力的自信，那么经过了查看录像，事实清楚，她更有底气了，"每天那么多业务，收那么多笔钱，我一笔一笔都开好发票，清清楚楚。你什么时候给我钱啦？你拿发票来。没有发票，凭什么就说你给我钱啦？"

大妈一跃而上，跳着脚趴到了收银台上，伸手去拉收银员面前的抽屉。

场面失控。我们赶紧联系民警。

民警同志来了，还是看录像。看罢，民警同志决定对大妈进行说服教育，可大妈还是刀枪不入，咬定付过火化费。

"看明白了没有?"民警同志无奈地转过身来,直接问大妈的儿子。

"看明白了。"

"回去给你妈做做工作吧。"

隔了几天,我带着工作人员在收银区又安装了一个摄像头。

这么多年过去了,每次看到摄像头,我还是会想到这个小闹剧,心想:还是这只天眼看得清楚啊!

骨灰盒的故事

1

2001年,我买了第一辆车。

在骨灰堂打扫卫生,看见一个老太太颤颤巍巍的,七十多岁的样子,一步一晃地独自来了。她拿着一张骨灰寄存证,问我:"小伙子,帮我看看,我老头子放在哪儿啦?"

我给她指了指位置:"就在那儿,您看去吧。"

她慢慢地挪过去。一个人在那儿看,也不絮叨。随后从兜里掏出一个塑料袋,拿了两块桃酥出来,打开柜门摆了上去。殡仪馆有规定,不让摆这些个生鲜食物,怕招虫。我赶紧过去制止,"大妈,咱们这可不让摆!"

"没事,我知道,我摆会儿就拿走。"

最后的顾盼

她眼睛并不看我,继续站着。站着站着,就拿手背去揩眼泪,小声啜泣。哭了一会儿,把桃酥拿下来装回塑料袋,重新塞回兜里。我想起老辈人常说的:"心到神知,上供人吃。"

心中不忍。近前说:"大妈,您坐这儿歇会儿。"

"行。小伙子干这行多少年啦?"

"我干了三年多了。"

"这是个积德行善的事儿,好。"

"大妈,您过来看老伴儿?"

"今天是他的忌日,我过来看看他。"

"一个人来的?"

"是。孩子们忙。"

这是她第一次说到"忙"。谈话间,她告诉我,自己有四个儿女,都在本地,相互住得不远,就是孩子们挺忙,总也见不着面。她患有风湿性关节炎,走路困难,还自顾自地说,"也给孩子们帮不上忙,腿脚好的话,还能给他们看看孩子。"

刚哭过,眼角的皱纹叠着,眼泪还没干透,眼珠像是磨久了的玻璃球,有些混沌。我一看表,已经11时许了,老太太9点就出来了,估计累坏了。

"您怎么来的？"

"我坐937公交车来的，黄村。"

"您怎么回？"

"一会儿我还坐公交车。"

"大妈，走，我送您回去。"

习惯了独来独往，连自己的孩子都不好意思麻烦，她自然不肯让我送。我扶着她，坚持送她回去。开着车，我嘱咐她："您岁数大了，一个人出门可得注意安全，磕了碰了就遭罪了。有事跟孩子们说。"

老太太点着头，一边认同我的话，一边不好意思地说，"他们都忙。"

得是多忙的子女，父亲的忌日都抽不出时间陪陪母亲，这日子口，母亲格外孤独啊！

我不再说什么，生怕自己的话让她更觉孤独。我看了看她，试图用眼神安慰她，她再次自言自语："都太忙了。"

忙，都忙，都太忙了……这是子女给老人的托词，还是老人为儿女找的借口呢。七个字里，有老太太数不尽的孤独吧。

把老太太送到家门口，她趴着车窗说："得嘞，谢谢你小伙子，我没事。"

我看着她干瘦的身影一点点挪进楼道，消失在楼梯拐角处，心里很难受。二十多年过去了，如果她还在，那么也有90多岁了，儿女也退休了，孙辈都能自食其力了，他们应是不忙了，有时间陪陪她。她也可以颐养天年，享受天伦之乐了。

2

火化完毕，我问："骨灰盒呢？该装上了。"

那也是一名独自过来的老太太。她弯腰从地上抱起一个青瓷罐子，一尺多高，带盖子，双手递给我："这就是。"

我迟疑了一下，约定俗成的概念里，那样一个罐子，应该是装酒或酱菜的。

老人家见我迟疑，就耐心地解释了起来。

"小伙子，这个罐子，我本来是放盐的，都擦洗干净了。"

"买个盒子最少几百块钱，我老伴儿不讲究那些，装这罐子，我还放家里。"

"我们没儿没女，他陪着我，我陪着他，挺好。"

"我们南方来的也有骨灰装罐的讲究。"

头一回见这么敞亮的老人家，心想：说得有道理，就是个容器，搁什么不是装呢。真是个想得开的老太太呀！

我拿了一块崭新的毛巾，帮她里里外外又擦拭了三遍，装好骨灰，办理完手续。

"我给您找个袋子吧？"

"不用，不用，抱着挺好。"她双手抱着骨灰罐，下颌轻轻晃动着，拒绝了我的袋子。目送她的背影，抱着青瓷罐子，小心地看着路，缓慢而踏实的脚步，独自一人。

3

一个男人因工伤去世，单位工会来人，颇有些不好意思地和我们打着商量："能不能麻烦您，暂时把售价3000元以上的骨灰盒先下架？"

我不解："为什么？"

来人解释："您看是这样，工伤我们按国家赔偿标准已经理赔。另外，我们领导还批了一笔丧葬费给家属。没想到死者家属还是什么都往最贵了要，昨天买了8000多元的寿衣，今天我看这骨灰盒还有一万多元的，我们作为办事人员，也是为难。"

家里的顶梁柱被机器要了命,留下老婆孩子。活生生的人再也醒不过来了,家属的悲痛和不甘,是人之常情。想购买一些"贵"的物品,来弥补精神上的悲伤和不舍,也能理解。

单位丧葬费用超支,经手办事的人员为难,同样能理解。

"我们理解您的难处,但我们不能下架丧葬用品,一来不符合规定,二来也不能欺骗家属。"我们商量着解决问题,"我们将家属请到休息室,拿几款骨灰盒过去给家属选择,从几百元到几千元的价位都有,再贵的就先不拿了。"

家属到了休息室,"您现在可能没心思去看那一堆盒子,我们就给您带过来最常用的几款。您看有没有合意的,展示厅里还有其他款式,有需要的话,我们陪您再过去看看。"

家属很好沟通,选择了3000多元的骨灰盒,没有铁了心往最贵的要。

事情算是"圆满"地解决了。

4

买两个骨灰盒的事很少见。我就遇上一回。

来的是兄妹俩。

骨灰盒的故事

"买两个？一个盒是可以装下的。"

"不是，我们想把父亲的骨灰分两份装。"

我心里寻思：骨灰也分家？儿子一份，女儿一份？不好说出来，但脸上疑惑的表情还是被兄妹俩解读出来了。

"不是您想的那样。"

"我父亲生前在革命老区工作过，为当地乡亲做了一些实事，老年时还惦记着那里的百姓，老百姓也很感恩他，在村里给他留了墓地。但我们兄妹舍不得。"

"老人在世时就交代过，骨灰分两份，一份给我们兄妹留个念想，清明、忌日有个地方说说话，一份送回老区。"

"所以，我们准备买两个骨灰盒。"

5

朋友的奶奶去世了，死前留下一句话："我死了以后，骨灰你们爱怎么处理就怎么处理，但绝不跟你们爷爷在一块儿埋着。谁不听话，晚上找你们去！"

朋友一家为难，不合葬，晚辈们心里过不去。想让两名老人合葬，但这就违背了老太太意愿。于是，抖了一把"机灵"。

奶奶说骨灰不埋一块儿，那就骨灰不合葬。于是，骨灰海

41

葬。另外，做了一个灵位牌放到骨灰盒里，跟老爷子合葬。这样既遵循了老人的遗愿，清明、忌日，一家人去看看两名老人，说说话，也有个地方。

6

骨灰堂每年借着家属清明祭拜的机会，核查一次骨灰。殡仪馆有规定，骨灰寄存要有骨灰寄存证。反过来说，有骨灰寄存证，就得有寄存的骨灰。

一次，我们做核对的时候，发现有个骨灰盒特别轻，打开一看，空的。这可了不得，赶紧打电话找家属。家属倒也爽快："那是我爸的骨灰。我拿回家了！不行吗？"

当然不行了！这不符合规定。

原来，老人生病的时候，老人的姐妹们没怎么照管。老人去世后，女儿看着姑姑们每年祭拜骨灰，想起父亲生病时姑姑们疏于亲情，心里不是滋味。趁着祭拜的时候，把骨灰带走了，留了一个空盒子。

可苦了我们办事人员了，"这可不行啊姐姐，回头他们来祭拜，这见骨灰没了，找我们要，可怎么办呢？您的心情，我们理解，但咱们这是双方签字盖章的事，平白丢了我们可没法儿赔啊！"

倒是没为难我们，解释清楚殡仪馆的规定，她来办理骨灰寄存终止手续，把空骨灰盒取走了。

7

多年前，外省某市殡仪馆骨灰堂发生骨灰盒被盗的事情，有人以此敲诈殡仪馆。为此，民政局要求，每一份骨灰放进骨灰堂之前，必须打开骨灰盒看一下，里面究竟有没有骨灰。

这个"要求"可真是不好执行。怎么个说法呢？

"来，让我们检查一下，您父亲还在吗？"

"来，我看看您母亲的骨灰少没少？"

这不被抽大嘴巴才怪呢。

再不然难道拿个秤现场称重，那也不对呀！

家属不乐意被检查的心情，我们也理解，话不好说，容易产生不敬的误解。但"要求"我们也得硬着头皮执行。每次安放骨灰盒和每年检查骨灰的时候，都容易出现纠纷，被家属骂，骨灰管理员任劳还得任怨。

工作要做，还得做好。我想了一个主意，准备干燥剂、卫生球之类的物品。每次放骨灰前，先和家属沟通，"这是免费的骨灰保存剂，我们帮您放进骨灰盒。"

大部分家属很配合我们工作，痛快地让我们把骨灰保存剂放进骨灰盒，还有主动要求多放一些的，这部分的骨灰都是"正常"的。

磨磨蹭蹭不让放的，约摸着就是"出了问题"。

于是，检查骨灰这项工作一下子变得简单快速了。一直到现在，每年清明节我们仍会向家属提供免费的骨灰保存剂。当然，我们现在提供的是真正的骨灰保存剂了。

当年，因为这个小主意，我还得了一个"特殊贡献奖"——300元现金奖励。

8

十多年前，一名女士过世，婆婆家过来办丧事，娘家人每样都要最贵的。

这名女士结婚两年，得了绝症。娘家人的角度：我闺女在我们家好好的，嫁到你们家才两年，就得了这么重的病，一定是你们亏待了我闺女。

人没了，娘家人报复性花钱办丧事，"我闺女死在你们家了,你们就得花钱。"

当时殡仪馆引进了一款西班牙王室专用的骨灰盒,售价1.2万元。极少数人会消费这款骨灰盒。

女士的丈夫来办手续,悲痛的眼神和疲惫的状态,任谁都看着揪心。从业多年,从爱人离去时的状态能看出一个人的心,他很爱他的妻子。

选骨灰盒的时候,他对娘家队伍中的一名女士说:"姐,你给看看,咱们选哪一个?"

女士问了一句:"哪个最贵?"

然后,没等我们回答,就指着西班牙王室专用骨灰盒,"就拿这个吧,1.2万元的。"

男人露出惊愕的表情,但也没有犹豫:"行。"

那时候,还没有微信、支付宝这些支付方式,都是现金结算。他数了数手里的钱,"不够。"面露难色,"能不能先装着骨灰,反正我要回家安葬,麻烦您来一个人,回去跟我取钱,我现在就让他们取出来给你准备上。"

我们也没遇上过这种情况,请示领导。领导琢磨再三,让我们再劝一下家属:"理性消费,不一定非要这个。"

妻子生病两年,丈夫带着四处寻医问药,倾尽全力治疗、照顾。这家人的故事，我们都稍有了解。很感动于这个男人的有情有义，但骨灰盒毕竟只是个容器，量力而为。

我商量着说："您过来一趟就够辛苦的，特意拿钱回趟家也挺麻烦的。手里有多少，先紧着钱数另挑一个？"

谁知娘家人半步不肯退，非西班牙王室骨灰盒不可。男人转过头几乎用央求的口吻对我们说："帮帮忙，夫妻一场。"

最终，还是选了这个骨灰盒，差八千块钱。男人又订了一辆家属车，送骨灰回家，顺便让我跟着回去拿钱。

十多年过去了，我依然记得那天我缩在副驾驶座，看到了比任何戏剧高潮都更冲突的一幕。

一进村，男人的父亲早就在门口等着了，"骨灰先别下车！"

我一个外人听着这话，心里咯噔了一下，"这是不让骨灰回家啦？"

接着，这名公公对着娘家人开始讲理："我愿意儿媳妇死吗？我们全北京医院跑遍，外国药都托人买回来了，该花的不该花的，我们一个子儿都没少花。"

"姑娘进我们家门之前，彩礼我们给的也比你们要的多！"

"人死了,你们赖我们家吗?活着时候,我们好好待。现在人走了,花干我们家的钱能换你家姑娘的命吗?"

"告诉你,做人不能这么绝,知道吗?一万多元一个骨灰盒,讹我来的是吗?今天我还就不出这个钱!"

娘家人也骂:"一万块钱怎么着啦?王室用得我们家姑娘用不得?"

"合着我们家姑娘来你们家一遭,就是用来生儿子的?儿子生了,她死了!"

"就是你们家给整病的,不能白给你们生孩子!"

"今天,这一万多元的骨灰盒,我们还就要定了!"

两家人在村口就这么吵了半个小时,来来回回就是这么几句话。婆家尽心了,娘家不甘心。尽管都知道,于生命而言,争吵是徒劳,人死不能复生。

人是回不来了,钱成了出气的指标。

末了,娘家人又补了一句:"我们家姑娘陪嫁的车,你们也还回来!"

围观的人越来越多,有人哭,有人吵,有人劝,有人嘀咕,有人暗笑。我和司机两个局外人,似乎是最清醒的人。

"孩子是两家人亲情和血缘的连接,为了孩子,也不要闹成这样。"

"已经顾不上了,这是撕破脸了。"

"生病和死亡已经是过去时,着眼于现在时和未来时,多好。"

我们两个"清醒"的人像是缭绕在屏幕上的弹幕,无论怎样,也叫不醒愤怒上头、孤注一掷的主角。

那天,我们没有完成任务,没有拿到骨灰盒的尾款。从别人的生活里走出去,留下身后的吵嚷声继续。

再见到这个男人的时候,已经是多日后。

西班牙王室骨灰盒货款两清。

听说,两家人也断了联系。

9

多年前的一个傍晚,我值班。

从敬老院送来一名老人。送老人来的是三个四十多岁的男人,是三兄弟。当时的火化费是380元,加上消毒等费用一共400多元。

老大从兜里掏出200元,老二摸遍全身拿出来104元。

我看着三个人,觉得不可思议,三个人凑不出400多块钱？这可是给老人火化的大事啊！这时，只听其中一个说："回家咋办？"这是连回家的钱也没了。

这种情况，我也头一回见，兴许是我愣神的时间长了，他们仨继续想着"办法"。老大对老二说："你再找找，算我借你，到家还你。"老二摊开双手，示意"你来搜我身，真没有。"

两个人一起看向一直没开腔的老三，老三急着说："我也没钱。"

我一看，这是遇上困难户了，给馆长打电话请示。馆长一听，说："特殊照顾，收300元，给火化了吧。"开票收款，三人连连拱手："好人好人，谢谢谢谢。"

火化完毕，三兄弟又来了。

"最便宜的骨灰盒多少钱？"

"280元。"

三人拿出五张百元大钞，捏着角抽出来三张递给我。嘿！真够可以的！我心里有火往上蹿："不是没钱了吗？"

三个男人相视一笑，眼神里流露出"成了"的小得意。手续都办完了，我还想质问，可也没必要了。老人火化这种事，三人还能来讨价还价。

最后的顾盼

　　我也没找他们那20块钱,找了一块包骨灰盒的布,端端正正地给包装好,正好收300元。

忍辱负重奖

我有双皮鞋穿了六年,它是用我曾经得到的"忍辱负重奖"奖金买的。它倒真的是"忍辱负重"。

旧了,鞋底薄了,换了好几次防滑的胶皮垫,任劳任怨地跟着我,风里来雨里去,出现场、走街串巷、说相声、出差,什么样的天气、什么样的路它都见过,也许是我每次穿完都细心清理上油,保养还算得当,一直没穿坏。

1

那时候的我工作不久,岗位是办事员,一丝不苟地在办公室"打杂"。

一天下午电话铃响,业务厅的工作人员火急火燎要找领导，有家属嫌灵车收费高，死活不肯结账。领导正巧不在，上上下下就我一个办事员。我只能硬着头皮上了。

　　大声嚷嚷的是名大姐，边上还有个男人，看样子是两口子。大姐十分光火，"你们有准儿吗？来之前电话都问好了，车费280块钱，临了咋又成600块钱啦？"

　　"老百姓挣钱容易吗，骗起来就那么轻巧？"

　　"我们家一下没了两个人，560块钱和1200块钱能一样吗？"

　　"谁是领导，怎么办？"

　　"你们这些昧良心的，死人钱好挣是吗？"

　　"人死了还不够，还得被你们扒层皮！"

　　……

　　几句话翻来覆去。

　　男人站在边上，偶尔提醒妻子两句，让她别大声嚷嚷，却也并不拉住妻子，"她脾气不好，爱着急，您别介意，可是你们殡仪馆也有问题……"还不时难为情地跟我们解释。

　　骂着骂着，大姐哭了。

　　原来，半个月前发生了一起车祸，大姐家的两名亲人都在车上，不幸去世。昨天拿到的遗体处理通知书，她连夜打电话给殡仪馆咨询，结果收费的时候发现，价钱比电话里说的钱数多了一倍，就跟工作人员吵了起来。

2

无论是查文件找政策、还是算里程，到昌平法医中心接运遗体，就是六百块钱，一分钱也没多收。

当时我也是小年轻一个，嗓门和分量都不够，身材又不够魁梧，在气场上是根本压不住，电话录音成了救命稻草。既然大姐坚持说电话里报价280元，那就查电话录音。殡仪馆在这一点上做得特别好，所有的业务电话都有录音。

大姐是凌晨三点多打的电话。人最容易犯困的时间，听声音，我们的接线员也有点迷糊。大姐问："灵车开到法医中心多少钱？"

当时，从殡仪馆出发到良乡法医中心45公里，往返一趟280元；到昌平法医中心180公里，往返是600元。殡仪馆接待的大部分是本地人。接线员条件反射般的问："是良乡吗？"意思是确认大姐是不是在良乡法医中心。

大姐不是本地人，对地名不熟，追问道："啥？"

接线员又重复了一遍，"是到良乡去接吗？"

大姐把"良乡"理解成"凉箱"了,她也揣摩着回答,"凉箱?冻的?"

接线员以为大姐确认了"良乡",就回复说:"嗯。280元。"

于是,车费就这么被定格在280块钱了。

大姐确认完电话就挂了。第二天一大早,又一个电话过来,价格也没再确认,直接订车。祸根就出在这里:此"凉箱"非彼"良乡",遗体倒真的是"冻的"。遗体接回来,一算账,一辆车600元,两辆车1200元,大姐一家炸开锅了。

3

录音放完,事情是听明白了,可责任归谁?大姐的情绪一直很激动,主管领导不在,接线员迷糊,口头跟人家承诺的钱数,家属的理解就是我们说话不算数。可是该多少钱,按实际收,大姐不干;少收,单位受损失。

我也为难。既不敢挥挥手把误算而少收的钱免了,也一时半会安抚不了气炸了的大姐。这么闹下去可不是办法,一时间手足无措。只好打电话给领导,"您看这事怎么办呢?"

"按规矩办吧,该怎么收就怎么收。"

转过头来做群众工作。可大姐正在气头上,火气很大,恨不能一点就着。

"凭什么啊?"大姐始终坚守阵地,"就是你们殡仪馆的错!你们自己承担!我一分钱不能多出!"

大姐的情绪,我们也能理解,一家子少了两个人,在北京举目无亲,办理后事,还遇上这档子"乌龙事件"。

我再次电话请示。

"不行就减点儿吧。"

"减多少呢?"

"你看情况处理吧。"

"看情况?"挂了电话,我更没主意了。

4

还记着当时的场景。殡仪馆大院里,下午的阳光挺柔和,我、大姐,还有她丈夫,面对面站着。我和风细雨地解释,大姐几次忍不住想冲上来揪我,都被她男人拉住了。从"按规矩办"到"看着办",我推翻一个又一个说法,不停地解释。

大姐最终没克制住,她丈夫也没拉住,一个巴掌抡过来,我鼻梁上的眼镜跟着摔到了地上。我捡起眼镜,对着下午的太阳看了看,没坏,戴上眼镜,继续解释。

终于有领导来了,他们最终是不放心,派人回来看看。有领导在,问题很快得到了实质性的解决。大姐一家的出车费按每辆280元算,殡仪馆还赠送了两个骨灰盒。

大姐先前气势汹汹的架势全卸了下来,拉着我的手,哭得更厉害了。男人在边上吭声了,"早就劝你别冲动,你看这个兄弟,还有人家领导,多好!"

大姐止住哭,开始一股脑儿地道歉,容不得我插半句,"我天生脾气不好"一类循环了很多遍。到最后,大姐说了一句话,"兄弟,你素质真高!"听得我五味杂陈,现在想来都哭笑不得。

送走了大姐两口子,我去餐厅找领导汇报。领导都在,那个刚才还风平浪静死撑着的小职员终于端不住了,眼圈一阵泛红,语速极快,一肚子委屈全倒了出来。按照单位规定,发生这类事故,对员工会有一定的补偿,换个说法,表彰"忍辱负重""积极解决服务争议"。

我去领钱,被财务大姐酸了一把,"以后再有这样的事,别忘了拉上我!"

听到这,我觉着被捆的脸上很疼,始终也高兴不起来。

下了班，我揣着500块钱去了商场，买了双皮鞋，以示纪念。

最后的顾盼

告　状

小时候，我写过一篇命题作文《最难忘的一件事》。最难忘的一件事里，一定有那么个最难忘的人。这个人爱告状、能告状、擅长告状，从敬老院到太平间、殡仪馆，再到执法队、发改委、区监察局、法院，一条龙下来，告了个遍，告得那叫一个"理不直气也壮"。

我也不幸地见证了他的"告状"，至今难忘。

1

这得先从他母亲病逝说起。

老人花自己退休金住敬老院，选了个单间，身体不错，不需要特殊照顾。他偶尔给敬老院打个电话询问母亲的情况，

告 状

鲜少露面。

一天，老太太突发心脏病，敬老院联系不到家属，打急救电话，老人没抢救过来。敬老院从老太太的遗物里找到了一张名片，空白处写着"儿子"。打电话，这人说自己在外地出差，不方便回京，拜托敬老院帮忙安排后事，说完就挂了电话。

敬老院想再和他商量一下，再打电话，不接了。不管怎么打，就是不接电话。无奈，敬老院委派专人负责联系太平间，再由太平间将老人遗体送到殡仪馆冷藏，办理好手续，火化。直到火化完毕，当事人现身了。

这名儿子出现在殡仪馆，没有痛哭、没有悲伤，冷静至极，我们一度怀疑：这真是逝者亲属吗？直到处理完所有手续，他开口了，一开口就是"告状"。

2

首先，他找到执法队，状告太平间："明明有纸棺和木棺两样，凭什么直接给我母亲装木棺？还让殡仪馆也跟着按木棺的标准收火化费？"

太平间的人很委屈："有主的人家都用木棺，母亲去世，不至于去选最低档的吧？当事人也不在，就好心做了一回主，谁料惹一身腥。"

执法队从太平间、殡仪馆一圈调查下来，得出一个结论：这事，不处理也合理，处理也合理。索性和稀泥，破财免是非，退钱吧。

太平间退钱了。

3

当事人又跑到发改委，状告殡仪馆："殡仪馆火化费收高了，有380元的，有550元的，凭什么收我550元？"

殡仪馆也委屈。火化费是根据棺材规格来收的，一般送来时候是纸棺，我们收380元火化费；送来时候是木棺，我们收550元火化费，老人送来的时候装的是木棺。

这是个"细致"人，认真查阅了收费的批文，"购价65万元以上的火化炉收费标准为550元"。冲这句话，他跑到殡仪馆，把火化炉的品牌名称、厂家电话记录下来，打电话到厂家，问火化炉卖给××殡仪馆时多少钱一台。

寸了！这火化炉价格，差一丁点儿不到65万元。

发改委帮我们解释："还有安装费、基建费、维修费，这些杂项的配套费用加起来，总计购价是超过65万元的。"

当事人不高兴，话说得很不好听。"购价就是炉价？你们发改委是殡仪馆的公关吧？"于是，将殡仪馆、发改委一起打包，告到了区监察局。对着这团乱麻，区监察局不打算受理。就这样，他把殡仪馆、发改委、区监察局一起告到了市监察局。

4

市监察局负责人看了看这好几方，决定集体调解。

那天，我代表殡仪馆去参加调解大会。现场那叫一个"壮观"，当事人、殡仪馆、发改委、发改委纪检（代表监察局），四方代表齐聚一堂。

一番解释后，我代表殡仪馆向当事人道歉，"是我们给您造成了不便，我们退钱。您说退多少？"

"550元。"

"我们退600元吧，这多出的钱就算是我们殡仪馆对老人的情谊。"依着我，这句话也写在处理意见表上。要知道，他在我们殡仪馆总共就花了580块钱。可能他也觉得寒碜，死活不同意写上这句话。

签完字，我随口问："您怎么走，我送送？"

"不用，我还得去一趟区民政局。"

"您去那儿干吗呢？"

"我对敬老院还有点儿意见。"

这话一着地，现场多少人擦汗我不知道，我是擦了一擦。

5

没过几天，敬老院院长来殡仪馆。说有个家属找他们要丧葬费、精神损失费，告到法院了，他来核实一下情况。

我这一激动，"是不是那×××？"

"对啊！"

这回告状，当事人带了一张地图，现场一铺，开始伸着指头点划："看，你们敬老院离本区几大医院非常远，救护车半个多小时才到敬老院，这显然是你们失职！再有，我妈住院的时候你们没跟她签协议，没通知我，原来我给她留了7000元，现在都没影子了……"

"你们养老院是狗皮膏药店吗？你们实际提供的服务跟你们承诺的服务，差的那叫一个远啊！我妈住进去的时候，有体检证明吗？跟我打过招呼吗？我妈去世了以后，你们每个环节跟我打过招呼吗？联合太平间和殡仪馆乱收费，像话吗？"

"还有，你们扣押老太太的证件和信件，到现在没给过我呢！"

死亡赔偿费16万元，精神损失费5万元，丧葬费2000元，入棺费、就医费加一起几千元，当事人总共要敬老院赔偿二十一万零几千元。

"我们尽到了送医救治的责任，反而是这个儿子对他妈不闻不问，没履行赡养义务。"

"我们敬老院有什么错？老太太入住的时候身体很好，她自己联系到敬老院，选择了每月1300元的服务。不签合同的原因是老太太不愿意签，她说自己没有子女。这是特例。"

"虽然入住的时候没有体检，但是在入住以后一个月，我们带她去检查了身体，医生说老人身体各项指标正常，没有慢性病和重大疾病。"

"老人生病是不可预见的问题。发现老人身体不舒服后，我们工作人员立即拨打了120急救电话。急救车用时35分钟到达医院是因为养老院地处偏僻，这已经是最快了，还是不堵车的速度。我们提过这茬儿，老人入住的时候也没有对此提出过异议。"

院长越说越激动。敬老院很多老人和家属都觉得这个儿子过分，嚷嚷着要去帮敬老院做证。敬老院邀请了其中三名证人出庭，证明他们对老人的照顾和救治都很尽责。

敬老院提出，他们是协助家庭赡养老人的机构。这名儿子从来对母亲不闻不问，对母亲的生活状况和身体状况一无所知，因此他对母亲的死亡也需要负上一定责任。

他状告敬老院的事没有当庭宣判，双方在庭后的调解中未达成一致意见。敬老院最后赔了他2万多元。

敬老院的老人和家属们很气愤，都说"别人家没了老人是花钱办丧事，他可好，是办丧事挣钱！"

6

也因为这个，这家人的事在敬老院继续传着。

一名家属说，老太太和她聊天时说自己早年丧夫，有一儿一女。儿子就是告状这位，女儿没露过面。养老院带老太太去体检，还是这名家属陪着去的，老太太的子女都没来。

还有家属说，这名儿子其实是看望过老太太一回的。那天，他带着一兜子营养品到敬老院，特意在院里转了一圈，大家都看见他拎了一大兜子营养品。老人们觉得这个儿子虽然平时不来，也还是有孝心，拎了一大兜子营养品看望母亲，是懂事了，知道心疼母亲了。

母亲看到那一大兜子贵重补品，甭提多高兴了："你还给我带东西啦？"

他很直接："妈，这不是给你的。这是我送客户的。给你也没什么用不是？这么贵的东西，我知道你也不会留下，是吧？"

果不其然，那一大兜子营养品，他怎么拎进去的，又怎么拎走了。老太太伤透了心。他走了，留下老太太一个人哭了一晚上。

风波过后，老人死后留的存折，儿子到敬老院取走了，女儿还是没露面。敬老院收拾老人遗物时，看到老太太给儿子的亲笔信，结尾处写着"此致敬礼"。

此致敬礼？这是母亲写给亲生儿子的信哪！

7

这一趟状告下来，大家也都知道了他的为人，也不是没人劝过他。民政局领导就曾苦口婆心劝过他:"您不能光怨人,也得换换位置,有些事,您做得也不合适。"

他的回答也很经典:"一码归一码。我的事情,我自己会上道德法庭。"

这么多年过去了,不知道他有没有上道德法庭呢?

告别电台

想起这个故事,就不由得想起电影《海盗电台》。相似的是,他们都是私人频道,都因为爱与使命而存在。不同的是,电影里的电台有数十万人收听,这个故事里的听众,只有四个人,确切地说,只有逝者一个人。

有天晚上值班,接到朋友的电话,声音很平静:"老爷子去世了,你帮我安排一辆车吧。"

朋友是电台一档儿童节目的主持人,外向,也感性,是个性情人。有段时间,我应邀在他的节目里说相声,后来就熟络起来。朋友的父亲我没见过,只知道他的母亲身体一直不好,是父亲一手把他带大的。

灵车回来时,朋友家里就来了两个人,他和妻子。

一下车，他冲我点了点头，开始灵车、登记处两头跑，登记处的表格还没填完，外面的灵车一叫，他又匆匆地跑出去。一个人是忙不过来的。他的妻子就站在边上，握着一只布包，安静地看着丈夫跑上跑下，不多话不插手。依我对他的了解，这个局面的原因只有一个，他想自己送父亲一程，亲力亲为。

三天后是告别仪式，我在大厅等着。看着朋友跟妻子两个人悄没声儿地走进来，我着实吃了一惊。朋友解释说："我母亲身体不好，不能出来走动。我担心她伤心过度，更加影响身体，就没带她来。亲戚朋友们想来，我也都婉言谢绝了，还是想清清净净地跟父亲告个别。"

只有两个人，我想了一下，帮他选了一间普通的告别厅。

朋友环视了一下，退到门口，有些不好意思地问我："还有稍微好一点儿的吗？我给老爷子写了一篇悼词，想读一下，还要播放背景音乐，想要个比这个好点儿的。"

于是，我把他们夫妇二人带到中型告别厅，这回他称心地点了点头。

我跟他去推担架车，准备把老人的遗体抬进告别厅的瞻仰棺。

朋友坚持在前面引路，左手拉着担架车的拉杆，右手扶在棺椁上，卖力地走着，我在后面帮着往前推。他慢慢地引导方向，嘴里开始叨念："爸爸您慢点走。"我不禁抬头看了他一眼，是跟平常一样的表情，温暖平静，跟老人家就这么一路聊着。

"我们俩呀，今年准备要个孩子，您在的时候老催我们，我们就是觉得太忙了，真没时间照顾。妈身体不好，也不能让您带不是？现在我想明白了，再忙，有个自己的孩子，也是顶好的事。"

"我妈呀，您就放心吧。我们把她老人家接过来，请个保姆照顾，天天也能一起吃顿晚饭。以前老是惦记工作，陪我妈的时间太少了。您别生气啊，我这就改。"

"您的那台老相机，还有邮票、烟斗，我本想按我妈的意思都给您放进棺材，让您带着走，后来琢磨，还是留个念想。以后孩子长大了，我就给他看，给他讲讲您的故事。您也不愿意那些心爱玩意儿一把火烧了，对吧？"

"张叔叔、李叔叔，您那些个朋友，我都告诉了。他们年纪也大了，就不让他们过来了。今天，就我和我媳妇儿两人送您。知道您不喜欢花里胡哨的东西。咱清净。"

把老人的遗体小心翼翼地放入瞻仰棺，他拿出一套便携音响，我帮他接好线，退到了边上。朋友的妻子站在前排，默不作声地等着丈夫开始。可以容纳六十人的告别厅只有四个人，老人家，朋友，他的妻子，还有我，显得空荡荡的。虽有些冷清，但也格外肃穆。

告别仪式开始了。

朋友从上衣口袋里掏出准备好的稿子，一如在直播间里的精气神儿，很专业地向我点了一下头，示意我开始播放录音。打开音响，一首民歌传了出来，是一首老人家乡的民歌。

朋友开始合着音乐的节奏朗读，"爸爸，您出生在……"

很快，背景变成了革命歌曲，朋友已经开始讲述老人南征北战的岁月故事。

随着音乐和悼词，我的思绪也一路飞开来去。这个未曾谋面的老人，此刻也不再陌生。我能看到他年轻时代的颠沛流离，看到他新婚燕尔时的欢喜雀跃，看到他为一家三口忙碌奔波的甜蜜负担，也看到了他后来卧床多年的妻子，他苦中作乐支撑着的坚韧，儿子考上大学时的欣慰，还有他临终前的不舍……

思绪就这么跟随着音乐和朋友的朗诵走了起来，温暖而感动。忽地，朋友咳了一声，原来是音乐播放完毕。我把思绪拉回来，赶紧过去关掉了音响。这才意识到，我已是满面泪水。朋友的妻子捂着嘴巴，努力克制着自己，但也已经是泪眼婆娑。

　　我们一起把老人送到火化间。朋友在前，他的妻子攥着布包，在一侧默默地跟着。我陪他一起去烧花圈。火很大，烟也很重，他皱着眉，一直眯着眼睛，看不出表情。火足够大了，他站了起来，整整一分多钟没动，好像是在想些什么。

　　所有的手续都办完了，朋友收好东西，用力握了握我的手，带着妻子离开了。没有过度的悲伤，没有撕裂的痛哭，他们就这么完成了最后的告别。

　　后来我才知道，他彻夜未眠，整理父亲的遗物，跟随着父亲的痕迹梳理他的一生，亲手写下了告别词，亲自挑选了父亲最爱的音乐，自己剪辑合成，又计算着时间，合着音乐排练了一遍又一遍，反复斟酌着词句。

　　我想，那天带给我满面泪水的音乐和悼词，是他一生中最真挚的直播，因为那里面没有技巧，只有深情，一个儿子对父亲的爱，全部的爱。当他饱含深情地诵读父亲的一生时，就是世界上独一无二的心灵电台，电波里，无尽的悲痛都转化成温暖的回忆，父亲安心地离开，他们也勇敢地继续。

　　最真挚的告别，不需要很多钱、很多人。

最后的顾盼

再看你一眼

1

我在礼仪部做告别司仪的时候,给一个大家族主持过一场告别仪式。

全家老老少少来了六十余人,普通的告别厅容不下这么多人,于是安排在了一间80平方米的中型告别厅。

老人的直系子女、孙辈都跪在灵前。我在一侧站着,负责播放哀乐,依次宣布行礼中的环节。

一屋子,满满当当都是人,肃穆之外,更多了些壮观。我被眼前的场面感染,下意识地挺了挺背,提高了嗓门,"仪式开始——"。

哀乐响起,后辈们在灵前一起行叩首礼。

行礼之后，我关掉哀乐，接下来的时间通常是留给家属朗读悼词。悼词从居家小事到人生理想，讲述逝者生前种种，有的哀伤，有的悲痛，有的遗憾，也有的温暖。从业多年，我们已经熟稔到信手拈来。我像往常一样，履行仪式程序，等待悼词。但这个家族接下来并没有如我想象一般……

跪在最前面的长子，保持庄严的跪姿，小心翼翼地取出了一幅卷轴，缓缓展开，像是打开一幅孤品字画。他上身挺立，正了正身体，开始大声诵念："父亲大人，此生缘尽，您请放心上路。我们会照料好母亲，教育好子女，严格秉承家训。"

"现在，×氏京北一脉于您灵前背诵家训！"

所有人都虔诚地对着逝者的遗像三叩首，而后动作整齐地抬头，注视逝者的遗像，表情庄严，正直上身，在家族主持人点头示意下跪地齐声背诵。

这是一段古体家训，七字一句，内容涉及家族渊源、仁义道德、礼仪、家业、事业、子女教育、婚姻、生命健康，篇幅很长。从白发老人到稚气未脱的孩子，我认真地看过他们每一个人的脸庞。每个人都字正腔圆，洪亮流利，情绪饱满。没有一个人忘词，没有一个不和谐的词语，竟然每个人都会背诵！

告别厅里，整个家族的背诵节奏整体划一，苍老的声音、稚嫩的声音；浑厚的声音、温柔的声音。不同的年龄，不同的距离，不同的韵味，自然而然地分出不易察觉的不同声部。他们真像一个训练有素的合唱团。

背诵家训的时间持续了五分钟，不知不觉，我脊背更直了，全身温暖，眼泪淌出眼眶，流过微笑的面庞。我被震撼了，这是有生以来第一次这么近距离感受家风家训的力量。一种庄严、一种高贵、一种传承，于他们而言，我是个外人，但真真切切地激动。

家训背诵完毕，按照长幼次序，家人依次上前给老人磕头。

主持鞠躬仪式时，我憋红了脸，几乎用了我平生最大的力气来喊，想要以此向这个家族表达最深刻的致敬。也就是在这一次非同寻常的告别仪式上，我没有像往常一样高喊"一鞠躬""再鞠躬""三鞠躬"，现场被激发出灵感，我在三次鞠躬礼前都加上了序言：

"感谢老人养育之恩，一鞠躬——"

"感谢老人教诲之情，再鞠躬——"

"衷心祝愿老人一路走好，永远安详，三鞠躬！"

这也成了殡仪馆后来为老人送行时必用的主持词。

很多年过去了，有一次看到电视节目播放的祭孔大典片段，不由得联想起那场后人齐声背诵家训的告别仪式。细品一下，这两者确实有点像。与单纯的悲伤不一样，这是一个家族的团结，也是一个民族的传承。这是对逝者的尊重，是对生者的告慰，更是在延续我们的生命精神。

感恩遇见这场告别仪式，把殡葬仪式"教化人心"的功能发挥得淋漓尽致。这才是真正的"慎终追远，民德归厚矣"。

2

那时我还是告别厅的一名服务员，被一个唱诗班举办的告别仪式深深打动。受其启发，我做了一个正面空白、背面有一个巨大十字架的幕布，替换了当时的单面空白幕布。

逝者是个虔诚的天主教徒，来安排丧事的是两个自称逝者弟兄的人。挑选告别厅的时候，他们说："你们摆的这些花圈，我们都不需要，盆装的黄色菊花我们也不需要，请移走。我们不要莲花灯，我们会自带白色蜡烛。请帮我们铺满白菊、白色百合、白色玫瑰。"

告别厅后面墙上的幕布上有个大大的"奠"字，他们商量:"能不能把那个字遮挡一下?我们想自带一个十字架摆在那里。"

字太大也太高,挡不住。

"没关系,我们会带一块合适大小的布过来。"

整个告别厅按照他们的要求,搬走了一切不需要的东西。空阔的告别厅,一下子呈现出近乎新房间的肃静感。仪式举行当天,几个教友先行前来,将一块纯白的布挂在后墙,小心翼翼地安放了一座木质十字架。

逝者被花香浓郁的纯白色花朵环绕,整个告别厅仿佛笼罩着一层光,气氛里流动的是令人平静的神圣感。

教友们请来一名德高望重的教会长老为他布道、讲经、唱诗。到场的还有一名高大慈祥的外国神父,身穿白衣,轻弹吉他吟唱安魂曲。

教友在在逝者四周站立,双手合十,发言的人手捧《圣经》。他们用饱含情谊的歌声和诵读,让我了解了这名逝者短暂而丰富的一生。我永远忘不了他们虔诚吐出的那句"阿门"。每一声都像一记叩响天堂之门的问候,以及送别人间的安慰。

这是一个安静而优雅的葬礼。一个半小时的时间里,所有人保持着安详温和。

这次葬礼之后，我把告别厅后墙上那块可移动的木板改造了一下，在它的背面加上一层薄板，做了一个鲜红的十字架粘在上面，板上还有四个大字：安息主怀。

我相信，一定还会用到。

这次仪式更新了我对"告别"的理解。我开始耐心询问每名逝者家属的需要，并尽量满足。也是从那次之后，我们开始引入特别告别厅设计的理念，起初，我想方设法添加一些特别的设计，越到后来越发现，最好的特色就是"没有特色"。

给一个告别厅留白的空间，给一个告别仪式自由的情绪。只有真正自如、自由的氛围，才能够提供给逝者家属最大的可能性。他们可以充分按照逝者的信仰和喜好，按照他们与逝者的情感浓度，做出"最适合"的选择。哪怕有一天，哪名家属说："我不要水晶棺，我也不要木棺，我只想用花做棺，铺在他身边，盖满他的身体。"只要他不做违反规定和妨碍他人的事，我也会答应。

最后的顾盼

3

一个三十多岁的女人抱着爱人的骨灰盒来，想举办一场追思会。

她穿着一身黑色的冲锋衣，身材健美，是户外旅行者的气质。她的爱人是一名登山爱好者，在西藏攀登雪山的途中遭遇意外去世。山高路远，好不容易，女人带着他的骨灰回了家。想在殡仪馆举行一个追思会，请我帮忙设计。

我想了想，选了一个告别厅，进门处放了一棵盆栽小松树，旁边签到桌上有串好丝线的心形和花朵形卡片，每个人都可以写下字句，然后把卡片挂到松枝上。

我把瞻仰棺搬走，在大厅前面设一个祭拜台，台上摆满了鲜花瓣，正中是一个圆形青瓷鱼缸，里面是满满的清水，还有一条锦鲤和一朵白色莲花。我觉得，这样就能模拟西藏雪山在人们心目中圣洁的印象吧。

女人看到白莲时很感动，连声道谢："这样很好。"

我把食堂的凳子全部借到这个告别厅来。

追思会上，伴随着音乐，逝者的亲朋好友依次上前，向水缸中投入一片花瓣，在骨灰盒前停留几秒，用他们自己的方式向逝者行礼。

然后,早已准备好的投影仪和白色幕布上,放的是逝者生前走过的地方,山高水长,欢声笑语。朋友们看着幕布上熟悉的面孔、熟悉的时光,音箱里传出的是熟悉的声音,然而他现在,被装在幕布下方的那个小盒子里。除了画面里的声音,告别厅里是安静的。在斑驳的光影中,泪光闪烁。

接下来,朋友们依次站到台前,说他们想说的话。

最后发言的是逝者的妻子。她说道:"我真后悔没有跟你一起去爬山。"然后,泣不成声。自责和遗憾在她身后慢慢变大,有那么一刻就快把她淹没了。我们都很担心,某个瞬间,她会突然昏倒。

好在,哭过之后,离去的时候,她给了我一个感谢的笑容。那眼神告诉我,她会好好地活下去。

4

一次去农村办事,我远远地听到那种红白喜事上嘹亮清脆的唢呐声,不由得想起经历过的一场送行。

老人是北京某民间花会文武场的会首,生前爱热闹。

据说,老北京,单单在门头沟区,就有大约13种、40余档民间花会。主要有太平鼓、高跷会、地秧歌、五虎少林会、飞叉开路会、中幡会、娘娘驾会、狮子会、石锁会、吵子会、大鼓会（锅子会、跨鼓会）、扛箱会、音乐会、小车会、跑旱船。

小时候逢年过节，赶庙会没少见识过这种地道的民间艺术的魅力。随着我渐渐长大，这些表演也渐渐消失了。偶尔在大型庙会和艺术表演的舞台上，才能看到他们的身影。

所谓的文武场，是演奏术语，是戏曲乐队中打击乐器、管弦乐器的总称。传统文武场乐器大致有京胡、京二胡、月琴、南弦（小三弦）、笛子、笙、海笛（小唢呐）等。武场以鼓板为主，小锣、大锣次之，合文场的胡琴、月琴、三弦，称"六场通透"。随着新编古装戏和现代戏的创作，有的还增加了其他传统民族乐器，如二胡、琵琶、阮等，甚至配置西洋乐器。

全北京有名望的文场和跟老人要好的武场都要来，现场要求每个人一进门就要操持起自己的乐器，以此送行。

老北京文武场使用的乐器，是一代代延续下来的形制和演奏方式。我想，每个乐器的声音里，一定都有古老的乐魂，是有生命有情感的，也是神圣不可侵犯的。

送行的来者里有耍中幡世家。他们给老人做了一个5米多高的中幡；有舞狮子世家，带了一对身披黑衣的狮子。

告别开始了,所有的文武场鞠躬,一场一场敲着锣鼓告别。完毕以后,紧接着就是5米多高的黑布中幡登场,巨大的中幡上下翻飞,时而跳入空中,时而落入执幡人的手心,黑色身躯旋起猎猎风声,腾如蛟龙神鹰,仿佛是个真实的生命。两只狮子上场,由四个人舞动,直立、翻滚、跳跃、缠斗,威风凛凛,气势强大,大眼睛时时闪动,就像活的一般。

整场告别仪式下来,几乎没有言语。而我,并不觉得缺少了什么。

他们用最真挚和深情的方式为逝者献上了最后的表演,进行了最后一次切磋。

5

一个摄影爱好协会,一起来送别朋友。

告别仪式上,每个人都拿了一张照片,是他们在集体活动中跟逝者拍摄的合影。每个人走到逝者身边,手拿照片,讲述着照片背后的故事,讲完,照片放到逝者身边。

那一个个故事都很鲜活,谁和逝者什么时候相识,他们经历了什么样的旅程,分享了什么样的拍摄经验,发生了什么样的小尴尬和小笑话……都那么生动。告别现场就像平常的朋友聚会，充满着默契的松弛感。

人们脸上没有悲伤，平静得好像送他去另一个城市，而他们都知道，他只是去那里寻找新的风景。

最让我印象深刻的是，进入告别厅，首先映入眼帘的一个"时间轴"，从逝者出生开始，按年份排列。前来参加告别仪式的亲友，先用"拍立得"拍一张照片，然后把照片放置在"时间轴"与逝者相识的年份上。以这条"时间轴"为纽带，本不认识的凭吊者在这个葬礼上彼此相识。

死刑犯送母亲

多年前的一天，几名狱警找到我。

穿警服的人要找我们礼仪组，这事确实罕见，人还没到，组里的几个人已经开始忐忑不安了。一共来了三名狱警，为首的年纪40多岁，长得挺和善，握了握手，直抒来意。

"一会儿会有一个老人来火化。老人家就一个儿子，是我们那里的死刑犯，我们押他一起过来治丧，想请你们配合一下。"另一个30多岁模样的狱警补充道："我们需要单独的告别厅、专门通道。另外，犯人到了会直接进入告别厅。看完遗体我们就带回，避免围观，尽量快一点。"

我倒吸了一口凉气，"配合一下"，这"一下"可不是个一般的差事。

应狱警的要求,礼仪组全体出动,开辟了一条"特殊通道"。所谓"特殊",就是不能选择常用的告别厅,而是单独收拾出来一间空房,四面白墙,方便监控。

一切都安排妥当,狱警打了一个电话。十五分钟后,先来了两辆车,上面有"司法"字样,大约20个身穿便衣的壮年小伙儿安静利索地下了车,殡仪馆前前后后、各个通道都被把守起来了。

灵车回来了,一起的还有老人所在街道的工作人员。

据说,老人是"五保户",早上出门绊倒了,再也没有起来。被街坊发现时,已经停止了呼吸。老人身边没有亲人,唯一的儿子去年进了监狱。老人生前为人和善,却走得这么匆忙,孤单。无奈之下,街道办事处联系了监狱。

担架车被推到了临时辟出来的空房间里。这个房间之前没怎么用过,平时用来堆放杂物,墙壁上的白灰有些斑落。老人的遗体被停放在了屋子的中央。

一阵警笛声响起,声音越来越近。我们几个对视了一下,该是老人的儿子来了。

他不高,瘦瘦的,眼神有些呆滞,颧骨很高,进门时直着脖子,脸上没有一丝的表情。他的目光里满是虚空,望向一个没有人知道的,也许是回忆或幻想中的地方。身上穿的还是囚服,锁着手铐、脚镣。他被两个狱警分别架着胳膊,后面还有两个持枪的警察步步紧跟。

我带着这队人来到房间,一路上,没有人吭声。死刑犯步子很慢,一走一拖,脚镣跟地板砖摩擦发出的"哧啦"声,一声接着一声,沉重又刺耳,令人感到莫名的恐惧。

我脊背上冒着冷汗,大脑里都是假想出来的血腥场面。他是如何行凶的?这一切我都不知道,只是胡乱地闪现出影视剧和小说里各种离奇的凄惨场景。我无法想象是怎样的仇恨能让一个人动了杀心。

死刑犯进了房间,狱警对我使了使眼色,我退到了门口,原本架着他胳膊的两个人放开手,持枪的警察也后退一步,屋里只留了两个持枪的狱警远远地站在他的身后。此刻,他拥有几分钟独自面对母亲的机会。

他对着母亲的遗体重重地磕了两个头。然后就呆呆地长跪在那里,像个雕像,一声不吭。

我看着屋里这对阴阳两隔的母子,一阵悲凉在心里弥漫开来。听说,半个月以后,这个儿子就要被执行枪决了。一个家庭就这样没有了。

最后的顾盼

"时间到!"一名警察喊道。

这时,那个一直冷着脸的儿子,突然喊出了一声"妈……"刹那间,他泪流满面。也许是警察那声提醒,让他意识到,他与母亲,今生无缘再见了。不管他刚刚如何假装不在乎,当分别真的到来,不舍的情绪还是划破了空阔的房间。

我的心,像被什么扯了一下,说不清。

谁也不知道他哭声里隐藏了多少想要说的话。曾经,她是年轻貌美的母亲,他是帅气可爱的儿子;曾经,她期盼着儿子健康平安,他也深爱着温柔亲和的母亲。但这一切,也许在他犯罪之后,或者之前,已经结束。一声"妈"之后,房间再次陷入沉寂。

狱警拉了一下他的胳膊,他止住了哭声,一个膝盖撑着地,站了起来,把两只铐在一起的手举得高了一些,用袖子蹭着脸上的泪水,转过身,在狱警的押解下离开了。前后不到10分钟。

一起来为老人送行的,还有几个远房亲戚。他重新被押上警车的时候,那几个人就站在灵车旁边,这个年轻人再也没有机会和他们说话了。死刑犯用泪眼看着他们,目光里的

死刑犯送母亲

含义很复杂,一直看到被押进警车才回头。我看见他收回的目光,恢复了刚才的呆滞和虚空。

街道办事处的人过来办手续。

"要寄存骨灰吗?"

"不要了吧",他思考了一下,"独生子,爹早就没了,他家里再没有别的人了。"

如果真有灵魂,希望他和母亲在另一个世界重逢的时候,有时间好好和母亲说说话,也有机会,重新做一个安稳平和的人。

藕断丝连

俗话说,死要全尸。

然而命运无常,疾病、意外会出其不意地夺去生命,连带损毁完整的身体。

那天,我在馆长办公室汇报工作,忽然有客人来访。来者是个中年男子,看说话的熟悉劲儿,应该是馆长的老朋友。我示意,是不是先离开一下?馆长摆了摆手,并不介意:"坐,一起聊。"

原来,这个人的父亲去世了,要送到殡仪馆来火化。老人生前患了骨癌,两条腿几乎全都被切除了,只有大腿部位保留了一点。子女们不希望老人就这样被火化、送走,于是找到殡仪馆,问能不能给老人装两条假腿,木头的、石膏的都行。

藕断丝连

男子说完情况,馆长和我愣了一下,还是第一次有人提出这种请求。虽说这不属于殡仪馆的业务范围,于情于理,我们俩都很愿意帮他想想办法。

用木头不现实,这么短的时间,很难找到合适的木材,更别说还要打磨成双腿的样子。钛合金的义肢更不敢考虑,价格昂贵,还不方便火化。石膏就更离谱了,石膏遇高温,在火化炉里几乎能烧成砖块。

仔细列举了一番,越想越觉得没办法了。我们仨都不说话了,各自思考。我灵光一闪,猛地抬头问了一句:"用莲藕成吗?"

"啊?"两个人都有些惊讶。

我认真解释——

莲藕,寓意藕断丝连。老人生前虽然失去双腿,但是辞世时又连接上了。而且莲藕也是有关节的,造型也跟人的肢体接近。古代神话里,不是有用柳枝来接骨的吗?哪吒重生时,全身关节都是莲藕呢!用莲藕替代一双腿,寓意好,还绿色环保。

馆长刚刚吹开茶水上漂浮的茶叶,啜了一口茶,忍俊不禁,喷出了一口水,"都七十多岁的老爷子了,还哪吒……"

89

男人也跟着笑了,一边拍手,一边频频点头,"好!好!好!就按你说的办。"

高兴之余,男人讲起了老爷子生前的故事。

"我父亲是个老兵,越战的时候断的腿。"

"老爷子早年真戴过一阵子假腿,说不舒服,卸了。活着时候就不舒服,到了再给他装个木头的、合金的假腿,他老人家一定还是不自在。"

"别看没了腿了,老爷子一辈子不给别人添麻烦,要强。人还爽快,爱听笑话,爱跟那帮老战友喝酒。刚过完八十大寿,隔天夜里走了,静悄悄的,到了也还是没给人添麻烦。我琢磨着,莫非他老人家早就算好日子了?"

"做寿那天,满满当当一屋子人,老爷子很高兴。他说,这辈子活得也够了,就是现在闭眼,也觉得心里满足。"

"除了这腿,也没什么遗憾了。今天,你们把这个遗憾也给弥补了。"男人说着,满意地走了,说要赶着去市场买莲藕。

我放下心来,出门去找车队长安排车辆接运遗体。只听馆长在身后说了一句:"这也算是一件喜事啊。"

是啊,像这样早年坎坷、晚年幸福的人,借着生日盛宴,

藕断丝连

与晚辈相聚告别，了却牵挂，从容离去，何尝不是圆满呢！

后来，建议家属用莲藕替代遗体的断肢，就成了我们殡仪馆的传统。

最后的顾盼

并　骨

医院太平间的小王跑到殡仪馆来找我。

"能不能帮我们火化一条腿?"

"啊?"我惊呆了,脑子一阵乱想,碎尸、毁尸一类的惊恐画面都跳了出来。

"您别误会,"小王从我这张脸上读出什么来了,赶忙解释:"是我们医院的一个病人,骨癌,截了一条腿。老人家不愿意扔掉,想火化,骨灰留着,等离世还能并骨,完完整整地走。"

我长舒一口气,原来是这么回事。

我很愿意帮这个病人,她的想法我理解,想到自己以后可能"死无全尸",谁都难以接受。可是,殡仪馆没有处理过

并骨

这样的事,不能无凭无据地受理。

我给小王支了个招儿,"你回去看看,问医院能不能给开个诊断证明,然后找病人本人签字确认说明有这么个事,办齐了,我们这就好干活了。"

隔天,小王带着证明过来了,同行的还有一名病人家属,是个小伙子。

病人的腿装在一个纸棺里,像对待一具真正的遗体,被医院的灵车送过来,送到了火化间。我打电话请示领导,领导干脆地说"给办了吧"。于是通知火化车间,我陪着小伙子一起在外面等。

来来往往的多是逝者家属,有人跟着推往火化间的担架车大声号哭。走廊里都是凄惨的回声,紧张又悲伤的氛围下,小伙子有些站立不安,神情也有些黯然。

"病人是您的什么人?"我试着跟他聊天。

"我妈。"

"老人家能有这样的想法,不简单。"我赞叹地说。

"嗯,"小伙子似乎得到一些安慰,脸上的神情放松了些,"老太太一辈子都要强,什么都不能落别人后边。得病以后,她一点都不害怕,积极配合治疗,作息饮食都很规律,每天让自己干干净净的。头脑也清楚,把后事都交代得明明白白。医院大夫开证明的时候都说,头一回碰到这么看得开的病人。"

火化完毕,我带他去了骨灰寄存处。

"这不行啊",骨灰堂的工作人员挺为难,"没法写骨灰寄存证,总不能写谁谁的大腿呀。不是死者的名义不能存,咱们这里寄存架本来就紧张。"

小伙子也理解我们没有这个先例,他自己想了个办法,"我能买一个骨灰盒吗?"

他抱着骨灰盒走了,"也好,直接给老太太一个交代。"

再一次见着小伙子,是几个月之后了。他跟家里人一起来的,我明白,终于发生了。他特意过来跟我打了个招呼。"老人家去世了。"我点了点头,看见他手里抱着上次买的那个骨灰盒。

"准备并骨了,一起安葬。"他口气里带着些完成使命的神圣感。

有很多人,得了绝症以后家属瞒着不让知道,强作欢颜地跟病人说,是慢性病,不要紧。可是身处肿瘤区的病人,特别是住在多人病房的病人,隔几天就看到有太平间的人来运

并　骨

遗体，再粗枝大叶的人也会明白是怎么回事。

也有病人，就此颓废，精神的折磨先行打败了自己。

我想起小伙子提起他妈妈说过的话：老天爷让我来世上一遭，让我什么都经受一遍，我得好好地走到头。

正视无可挽回的结局，冷静地安排好自己的后事，好好享受生命里的每一天。这样的人，是真正懂得生命价值的人。

最后的顾盼

盛夏停电夜

关于死亡,总有很多象征。乌鸦总是凭借嗅觉出现在墓地的天空;去往殡仪馆的路上,纸钱总是零落可见;纸做的童男童女、素白的菊花……都是逝者的陪伴。

关于死亡,也总有很多仪式。长夜守灵,长街送灵,是一种。多年前,农村还常有停灵三天甚至七天,丧事大办的场面,如果家族庞大,逝者位高,更是隆重。那样宏大的排场,庄严地集体表达着生者对逝者的不舍与尊敬。但这样一场仪式下来,逝者被送到殡仪馆火化时,庄严便成为不堪。停灵多日的棺材一经打开,遗体往往已经失去逝者本来的模样,充满真实而浓烈的死亡气息。

火化也是一种仪式。第一次透过观察孔目睹火化炉内遗体在烈焰下"挣扎",仿佛醒着转过来拼命求生的情形,我目瞪口呆,内心的震撼难以形容。尽管我知道那只是肢体突遇高温后肌肉与筋膜组织收缩带动骨骼所导致的自然现象,还是突然产生了一种强烈的愧疚感,好像是因为我烧的大火,让炉子里面的那个人经受了无法忍受的疼痛。一个人就这样变成一捧灰,再也看不见。

仿佛生命总是发错牌,矛盾构成人的一生。

我本性开朗,又自小学相声,所到之处,自动播撒笑声。但很长一段时间内,我的幽默感,几乎被一种特殊的氛围淹没。

那是盛夏酷暑,老人去世8天后才被发现。还没进门就被楼道里的污浊气味熏得喘不过气。空荡荡的小屋,一张残旧小床。被单下盖着的就是她。裹着被褥卷起,装袋运走。经历颠簸后的遗体落地时,流淌出一地的液体。当她用最后一丝力气盖住自己的脸,心中弥漫的凄凉,长年在外的儿女怎么会知道?

也许她经历了漫长的煎熬,只是习惯了忍受,只是在电话里一如既往地对自己的病痛轻描淡写,嘱咐儿女们"别太累,照顾好自己"。习惯性忽略老母亲的儿女,放下电话,又投入

最后的顾盼

忙碌的小日子。

也许是突如其来的急病，让她来不及打电话，只剩下最后一口气，拼力将被单拉过头顶，以便告诉第一个见到她的人，"我走了"。

最无私的爱，莫过于母爱。到最后，她还是一个"不愿意麻烦别人"的人。

老人的子女赶来后，无法接受老人的样子，恳求殡仪馆代他们替老人洗澡、更衣。

"我妈不是这样的！我妈不是这样的！我妈不是这样的！"女儿撕心裂肺地哭，接受不了母亲变成了眼前不堪的样子。

"这样，还能给化妆吗？"儿子怯怯地搓着手。

"棺材、骨灰盒，全要最好的！"另一个儿子果断地说。

面对他们，我想起接运遗体时空气弥漫的味道，真想痛骂他们一顿，想想又咽下去了。已经于事无补了。

"先给老人家洗身吧。"

我试探地问："要看着吗？"

三个儿女都沉默了。

清洗整理这具遗体，给我留下了终生难忘的记忆。

盛夏停电夜

由于腐败程度太严重,我们一遍又一遍地对遗体进行着重复性的整理、消毒。先用温水冲洗,再用消毒液浸泡……末了又一遍遍地清洗地面。

不知不觉,半个下午过去了,黄昏、夜晚接踵而至……但是,没有人中断手头的工作,没有人下班回家,甚至没有人提出已经错过晚饭时间,其实早已饥肠辘辘。终于,整副躯体焕然一新,里里外外,再没有一点异味。我们开始进行最后的工序,用纱布一寸寸将变形的身体严密包裹起来。

就在这时,突然,停电了!

有人去找头灯,有人点起蜡烛,没有人抱怨,一切都有条不紊地进行着。细微的部分,用手电筒照明。最后,呈现在我们眼前的遗体,姿态是庄严肃穆的,真像是一具神秘又神圣的木乃伊。

烛影摇曳,帘挑微风,忙碌的身形静止下来。雪白的纱布,洁净的灵床,带着欣喜的成就感,我们将鲜花布置于逝者身旁。我们不约而同地带着一种使命感,以超然的态度,扮演了一回老人的儿女,告慰这名孤身离开的老人,也让我对生命有了另外一重感悟。

老,就不可避免与孤独相伴。

最后的顾盼

　　老，就意味着"无效"和"负担"吗？即便如此，早年的付出，换不来生命尽头的陪伴吗？

　　为葬礼花再多的钱，也不如活着的时候多陪伴。我不能责怪老人的儿女们。毕竟他们也有自己的不容易。然而我又想，也许，他们对"回报"的概念，有着不同的定义。

　　将老人推进火化炉，火苗腾起的瞬间，我在心里默默地说："您走好。"

礼 物

1

刚参加工作的时候,我被分配在骨灰堂外的便民服务点工作,负责给家属准备温热水,以及销售小花圈、小阁楼、元宝、小汽车、小松树等殡葬用品。

一日,一辆车径直开进殡仪馆大院,离我所在的服务点仅有几米远。

车上走下来一名年轻小伙子,呜呜呜的哭声短促而震痛,肩膀不停地抽搐。我走过去,想看看能帮上什么忙。平生第一次看见一个男人哭成这样,红肿的眼睛,眼泪真的就是断了线的珠子,张张嘴唇,说不出话来,瘦削的身板像是随时要倒下去的样子。

我们前来接应的工作人员,都不出声,默默地用眼神给他安慰,等他开口。

"还没起好名字呢。"

"刚刚,刚刚出生……"

"是我,是我没抱住。"

"我不是一个称职的爸爸。"

短短的几句话,他用了十多分钟,每一个字都是和着泪水流出来的。我们听懂了,这是一个刚刚成为父亲,就失去了孩子的男人。而他的孩子,是他自己失手摔死的。

悲痛、自责、无助,他的哭声传达着复杂的情绪,感染了在场的人,我们都跟着难过起来。

他弯身从车子后座将襁褓抱出,我接过来,下意识地正了正身,再抱紧一些。旁边的同事过来,谨慎地打开颜色鲜嫩,印满可爱卡通图案的被单。

婴儿,一个可爱的小男婴。对于当时十八九岁的我们来说,的确是非常陌生,原来新生儿是这么小啊,好似一只没断奶的小猫!他的眼睛眯成一条线,微黄色的眉毛淡淡的,眉头微蹙,小嘴儿只是上下两个小红点。整个小脸儿皱皱的,皮肤细嫩得仿佛透明。多么稚嫩的生命啊,还来不及打个招呼就走了。唉!

看着婴儿那紧紧攥着的小拳头,还可以想象,就在之前,他在妈妈温暖的宫殿中,经历了十个月的孕育,一日一个变化,听着爸爸妈妈的召唤,自己也努力地长啊,长啊。终于,与妈妈协同作战,来到这个世界上,与最亲近的父母相见。

在妈妈的泪与笑中,他的脐带被打结,剪断。剪断那初始的依赖,从此要开始人间漫长的旅程了。然而,爸爸的怀抱还未曾细细体会,温暖的双臂刚一接触小小的身体,刹那间,生与死的两极,就这样悲喜颠倒地发生了。

谁也不愿意相信这一切是真的。

就像我们小时候,于繁华的街上与家人走散,茫茫人海中朦胧地寻找,忽然间,一个熟悉的身影一闪而过,挥手呼喊,却得不到回应。"妈妈,爸爸,你们不要我了吗?"接下来就只有当街哭泣了。

2

没有仪式,没有告别,年轻的父亲,只提出了一个小小的要求,想要得到一些骨灰。其实,这要求再合理不过了。但是,如此恳切的请求却着实难住了火化组的工作人员。

太小了，婴儿太小了！

骨质很少，经过降温，是否还能留下一些可见物，谁都难以保障。

于是，由一位经验丰富、技术过硬的师傅来统筹、操作，担起了这一项艰巨任务。首先，选择了一台最新的火化炉，打开炉膛，认认真真地清炉。当遗体被安置炉内后，先打引风机，再一点点升温。而后，降低闸板，用余温，一点点将骨灰焙出。

当年轻的爸爸再次见到儿子时，小小的身体已然变成一把骨灰，一样时刻，两重光阴，手臂绝不会因为这重与轻的置换而真正地轻松下来。

选择骨灰堂僻静的一角，小小的婴儿被放下了。

3

我陪着他往出口走。让他到便民服务点稍事休息，这个刚刚放下婴儿骨灰的年轻父亲轻声问我，"师傅，给小孩子买点什么比较合适啊？"

他一边问着，一边翻着各样的东西，刚放下，又拿起来，左右比照。看得出，是很想挑一个可以陪伴孩子的礼物，又

礼　物

拿不定主意。

我刚要说"您随意"，旁边一个上了年纪的妇女开腔了，"给孩子买什么啊。他来世上走这么一小遭，就是来坑你的！这样的小孩儿没良心，你还送他个什么劲儿！骨灰你都不应该要，小不丁点儿孩子！哪有长辈给小辈买东西的呀？"

这番话格外刺耳，年轻男人没有发怒，怔在那里不知所措。

大妈继续说："说不定上辈子你们有什么孽缘，他来人间打个照面，折腾做娘的十个月，出世后花你点儿钱就走了。"

我心里"咯噔"一下，一群人都停了下来，盯着这两个人。

人群中有人"热心"地出来解释：风俗全国都不同，夭亡的孩子，有的地方是没成家以前不入祖坟，有的地方是没成年之前不入祖坟。还有些地方，夭折的孩子，特别是婴儿，不仅不能入坟地，骨灰一般都不做保留。更多的人家，甚至都不进殡仪馆，直接裹一个小被子埋到荒郊野外，林间地头常有这样夭折的孩子，被野狗刨出来啃食。当然，这都是老早以前的传言。

男人的眼睛顿时黯淡下来，小声说着"谢谢"，转身离开

105

了，肩膀一抽一抽的。

"大妈，您这么说可不对啊！"一起值班的大姐忍不住批评老太太。

老太太心虚了，嘴里还是嘟囔着，"本来嘛，那么小就死了，就是来坑人的……"

我不知道那位父亲最后选了什么礼物陪伴他的孩子。

4

这么多年过去了，每次想到这个故事，都说不上是一种什么滋味，惋惜、遗憾、心痛，还是荒谬？

接受人生的荒谬是一种强大还是懦弱呢？这个故事的荒谬之处在于，我们惋惜、遗憾、心痛的情绪无处安放，那是一个父亲失手摔死了刚刚出生的婴儿，换一个人，我们可以指责他、控诉他，把他送上法庭……可那是亲生父亲啊！他怎么会对自己的孩子存一丝坏心呢？

这个巨大的悲剧，无的放矢。

我们要接受吗？

多年以后，我也从当年十八九岁的青年，变成一个有十多岁孩子的中年父亲，我似乎可以更平衡地看待那件事。那个看似多嘴的大妈，说了些听上去刺耳的话语，在我看来，是一种接受。她以传统的、我们近乎不能理解的"歪理"劝那个父亲放下。放下愧疚、放下悔恨，意味着接受，意味着承担。

我们该接受吗？

我们就坦荡荡认为这是一种失误，一种荒谬，除了痛心疾首，我们似乎什么也不能做了。那我们能做些什么呢？比如孕期，准父母接受培训，如何抱孩子，如何喂奶，如何哄睡。是不是可以减少类似的悲剧发生？

我们还能做什么？针对失去孩子，特别是襁褓中孩子的年轻父母，对他们进行心理抚慰，告诉他们即使孩子很小，也能感受到父母的爱，父母可以时常在心里对孩子说些话，慢慢地去完成"告别"。在漫长的告别里，帮助父母走出悲伤，开始新的生活。

我们当然必须接受，不管接受生命中的荒谬是强大还是懦弱。

我们当然要做些什么，因为最好的礼物，莫过于悲剧不再发生。

最后的顾盼

世界上最轻的花瓣

曾经，一只鸟住在我身体。

一朵花在我血中旅行。

我的心是一把小提琴。

我爱过，或不曾爱。

不过总有人爱我。

我也喜欢，

春天。

牵着的手，快乐的事。

我说做人就该像个人样！

这里躺着一只鸟。

一朵花。

世界上最轻的花瓣

一把小提琴。

——胡安·赫尔曼《墓志铭》

她的凋谢,犹如含苞欲放的花朵遭遇疾风骤雨。

这个小女孩儿才7岁,有一张令我终生难忘的纯净容颜。

听说是在一个午夜的十字路口,她爸爸开的小车,与一辆午夜狂奔的大货车在红绿灯下相撞,小车最后破败不堪地顶在了大车的腹部。小车里的一家三口都没有系安全带。她就是在碰撞的一瞬间,从前车窗飞了出去。因为太小、太轻,竟没有受到任何阻碍,被重重地、远远地抛在地面,当场死亡。

她有一头浓密的长发,肌肤如花瓣般轻薄泽润,眉目如画。无论谁家的女儿,能够美貌如斯,定会倍加宠爱吧。

我猜想,她应该是学校、班级、家族里都备受瞩目的小明星,是文艺演出不可缺少的主力,是小伙伴喜欢和围绕的对象。也许是死神来得太唐突,她还没有意识到生命的停滞,她的表情甜甜地定格在了童话般的梦境里。

她的爷爷奶奶送来一条雪白的公主裙,说这是她生前的最爱。

有一天啊，她会长大，会经历中考、高考，进入大学。

有一天啊，她会有自己的秘密和烦恼，有自己的伤心和无奈。

有一天啊，她会遇到不那么爱自己的人，不那么在乎的人。

有一天啊，她会遇到爱情，体验爱与被爱的感受。

有一天啊，她会一个人旅行，或者和家人、朋友结伴。

有一天啊，她也会有一个如她一般美丽的孩子，重新体会远去的童年。

有一天啊，她会衰老，回忆自己丰富的人生。

可是，她再也没有机会长大。

轻轻地，轻轻地，同事们小心翼翼地为她脱掉血衣，生怕吵醒她的美梦，怕她会被这斑斑血迹吓到大哭起来。同事们用水为她冲洗身体，血从腹部的一个伤口处不停地急涌而出，直到伤口被彻底缝合。

我捧着那件白裙，就站在她头边两尺的距离。她的睫毛翘翘的，花瓣一样的嘴唇嘟着，似乎对这世界还有话要说。水花不断地从脸上滚落开来，真有点儿担心她迷了眼。一颗一颗的水珠，顺着她那乌黑的长发滑下来，又再慢慢地落在地上。

　　穿上雪白的公主裙，淡淡地化了一个娃娃妆，天使大约就是这个样子吧。

　　最大的悲剧，莫过于把美好打碎给人看。万籁俱寂中，天边有一颗小小的星辰坠落。一起坠落的，还有两颗大星星。她被放入一个水晶棺中，等待她的父母再次陪伴身边。我们接下来给她那双双亡去的父母整理遗容。

　　祭奠仪式上，在她的遗像里，看到了她生前在爸爸妈妈左呵右护中无比幸福的样子。依然是一家三口，依然同乘，离开人间渡口。

　　她的确是我所见过的最漂亮的小女孩儿。那么娇小，纵然生命戛然而止，因为有父母陪伴在旁，终将没有牵挂。

　　她，无疑是世界上最轻的一片花瓣。我只愿，风吹得轻些，再轻些。

最后的顾盼

没有眼泪的人

她是名碎尸案的受害者,也是我见过的最孤独无助的逝者。

她的遗体是分期分批归拢的。

最先来的,是一截没有四肢的躯干,大面积腐烂,已经看不出皮肤本来的样子。法医随警察一道而来,出示证明,办妥手续,一个"人"便这样进入火化炉,没有任何送行者。来也无名,去也无名。

仅仅过了几天,警方找到了逝者的其余部分。警察临时征用了殡仪馆一个工作间,忙碌起来。

这一天里,我亲眼见证了什么是真的专业和敬业。

看样子,那个警察还不到30岁,他从容镇定的神情,有条不紊的动作，无不显示出良好的心理素质。

  他从那只潮湿的、长了绿毛的大麻袋中，逐一地取出尸块，然后，放在地面上用水冲洗。一边冲洗干净，一边摆放到灵床上。她拥有一头乌黑油亮的秀发，看起来那么美好，显示着她可能有一张青春姣好的面庞。只有身体非常健康的人，才能拥有那么好的头发。为了方便侦探工作，警察将她的头发剪短，一个五官端正的面庞呈现出来。

  一颗孤零零的头，在警察手中，被轻轻地清洗着，渐渐地，呈现出本来的面貌。这样的一颗头颅，纵然生前美丽可人，此刻已不复生动。她肿胀变形的圆脸上，一双眼睛以一种询问的表情存在着，瞳仁已经灰白。

  她仿佛在问：我现在在哪里？究竟是谁把我变成这样？

  经过冲洗、分辨、比对，灵床之上，一个人形终于出来了。腿脚一组，手臂一组，还有头部。中间地带则空着雪白的一块，那个位置，属于已经变成骨灰的躯干。

  警察拿出了照片，我一再对比，无法相信这个破碎的身体就是照片里那个美丽安静的人。反差太大了。

  一个30多岁的男人被请了进来，他是逝者的丈夫。

  警察希望他走近些，以便准确认定身份。然而，看到遗体的那一刻,这个男人的身体自然向后躲,头扭向一边,不敢直视。

我轻轻地推了他一下,提醒他配合警察,要他再靠前一些。令我没想到的是,距离灵床还有五六米远,他就站定不肯向前了,毫不掩饰地露出厌弃又不耐烦的表情,敷衍地说:"是是是!就是她没错!"

警察严肃地对他说:"看都没看清楚,你怎么能这么胡乱肯定呢?请再走近点儿!"

"啊,是了,是了,就是了!"男人满口应承,继续坚定着脚步,不但没有向前,身子反倒往后扭转了。

警察有些生气:"得到跟前去看!"

男人极不情愿地挪移到遗体前面,还没低头就闭上了眼睛,忽然又咧着嘴笑了。不知是惭愧,还是如释重负,作为旁观者,我感到有些诧异和戏谑。

他缓慢地睁开眼睛,目光蜻蜓点水般投射在死者面部,又迅速离开。转身向警察点点头,"是她。"匆匆地签了字,慌张地走了。

将他请进房间之前,我内心无比纠结,连我一个旁观者都觉得拼凑出来的尸骨与逝者生前的样子相去甚远,深感痛心，实在是太残忍了！难以想象她的丈夫要怎么去接受，他得多难受啊！

没想到他没有痛哭，没有惊吓，甚至没有错愕，甚至连一句告慰的话都没有留下。

记得一个故事叫《爷爷变成了幽灵》。故事里，爷爷去世后，每天晚上穿墙而过，和孙子回忆生前的事。他回忆了自己出生、恋爱、生子乃至后来一生的事，只是爷爷说，自己好像忘了一件事情，所以只能做鬼魂，留在人间。小孙子也回忆了和爷爷一起经历的所有事情。最后，爷爷终于想起来他忘记的事情：孩子，我还没有跟你说再见呢。

只是因为挂念着"告别"，也要每天来看孙子一眼。这样的深情，令我泪流不止。然而，眼前这个近乎无情的丈夫，他的冷漠也令我难以忘怀。

最后，他没有留骨灰，只留下一句"骨灰不要了"。

每一段关系的开始，也许在开始之后；每一段关系的结束，或许在结束之前。也许，在那天的离别之前，生命中某一个时刻，他们曾在心里或从容，或急迫，或开心，或憎恶地结束了，这份感情早已烟消云散，这段关系早就名存实亡，不然一个丈夫怎会如此冷酷地面对惨死的妻子呢？

最后的顾盼

　　老话说一日夫妻百日恩，我愿意相信，他们曾经告别过，在生命中的某一个时刻。

谁是最后扶你的人

1

那天的空气，充满了鱼腥味儿。

酷热的夏日晌午，一家村办的养鱼池出事了，我们接到电话，有人溺水。

我们赶到现场时，遗体已经被打捞上岸，是个十八九岁的小伙子。法医已经勘验完毕，现场的家属就是和逝者结伴玩水的几个小伙伴。

那几个小伙伴也是十八九岁的样子。他们远远地看着我们所做的一切，面无表情。其中一个男孩儿双手抱肩，很冷的样子。

他眼神里布满震惊和疑惑，无法相信一个小伙伴就这么

最后的顾盼

走了。我看了一眼男孩儿，只是倏地对视了一下，他迅速转过头，狠狠地用胳膊擦了擦眼睛。

不知道为什么，仅仅那么一下对视，我也打了一个寒战。这么多年过去了，我依然记得这件事，就是那一下，太冷了。

我拍拍他的肩膀："人死不能复生啊。"试图安慰他。

我问他："你们谁是家属？"

他摇摇头。

其他几个男孩儿也摇摇头，"没有家属。"

"你们是同学？"

"一个村的。"其中一个回答。

"你们把他搬上车吗？还是我们来？"

几个男孩儿都低下头不说话了。

"我们装运可是要收费的。"

他们默默地点点头。

那个用胳膊抹眼泪的男孩儿说："你们装吧。"

我最后说："你们想想怎么告诉他父母吧。"

我们上前，铺好遗体袋，将遗体装入后拉好拉链，再放入纸棺，装车回殡仪馆，将遗体冷存，等待家属处理。

大约一周后，家属来了，凭公安机关出具的死亡证明提取遗体，办理后事。当时我在火化车间，业务室给我打电话说，家属质疑我们的收费。一个头发灰白、身材精瘦的中年男人，应是逝者的父亲，问我们120元的"包扎"是什么费用。

我给他解释：这是我们现场工作人员搬运遗体的费用。当时这个项目的最高收费标准是500元，普通情况我们收120元。这笔钱一半给殡仪馆，另一半是工作人员的劳务补贴。我们当时去了4个人，每人领15元补贴，绝不是"乱收费"。

那男人问："现场有他的好朋友，也算得上家属吧，为什么还收钱？"

就事论事，正好那些小伙伴也在，我指着其中一个说："您问问他。我在现场问过，他们说没有家属。我们也提前说明，他们可以帮忙搬运遗体，如果我们来装运，会产生费用。经过他们同意，我们才搬运遗体。"

男人转身问那几个小伙子："是这样吗？"

小伙子们点头。

老人不说话了，把钱交了。他抿了抿嘴，梗着头叹了一口气，说："你们都是好伙伴，从小吃一起，玩一起，捣蛋一起，穿一条裤子都嫌肥，怎么到最后连一个扶一把的人都没有啊。"

那句话是对逝者说的，是对现场的伙伴说的，还是对他自己说的呢？他语调里的哀伤、无奈，我到现在都记得。听他说完，我又像搬运遗体那天一样，打了一个寒战。

他转过头，看着那几个小伙子，"你们真……唉。"

有的人就是这样，活着的时候，伤得再重，要扶要抱都没事，一听说死亡就不敢碰了，哪怕是再亲的人。

从心理学上讲，这是一种典型的厌恶心理，认为死者是不洁的，或是不吉利的。如果他不知道人已经死了，就不会那么害怕。

对于那几个男孩儿的表现，我希望原因是这样的。

2

有一群外地来的小伙子，受雇于一家民营殡葬服务公司，向逝者家属提供可备选的额外安葬服务。他们领着公司的工资，天天来我们单位"上班"。

他们是山东老乡，是发小儿。几个小伙子嘴甜，眼里有活儿，特别勤快，平时和殡仪馆的工作人员关系都很好，有时候忙完了，和我们一起在职工食堂吃饭聊天。

快到年底了，几个小老乡聚在一个出租屋里用电火锅涮羊肉。舍不得开空调，就用一个简易炉子，烧几块炭烘着，边喝酒边聊天，直到深夜。

杰子媳妇刚生了儿子，他掏出山寨手机向伙伴们展示大胖儿子的照片，说还没取名字。强子刚谈了一个对象，一说到女友，心里的蜜恨不得涌到脸上，连眼睛都格外明亮，心心念念地琢磨着过完年换一个大一点儿的出租屋，把女友接过来一起打工。

这些都是和他们一起喝酒的刚子后来告诉我的。

第二天早上7点上班时，有三个人没来。没有电话，也没有人捎信。我们就去出租屋看看，门口地上趴着一个浑身是土的人，是刚子，还昏迷着。出租屋里，杰子在地上躺着，强子在桌上趴着，怎么叫都叫不醒。

看到烧炭的炉子，大家意识到可能是一氧化碳中毒。救护车来了，刚子醒了，杰子和强子却再也没有醒来。

遗体送过来，很多女同事一下子哭了。平时和小伙子们相熟的同事主动留下来帮忙，大家买了两个花圈放到告别厅。殡仪馆决定按照职工待遇减免费用。

小伙子们所在的殡葬公司派车接来了山东的家属，有人哭，有人骂，杰子妈妈坐着发呆。被杰子媳妇抱着的男孩儿，还不知道什么是痛苦，兴许是人声嘈杂感到害怕，一直在哭。

"喝酒干吗？这不，命都没了！"

"不是说过年就带着北京烤鸭回去吗？烤鸭呢？我不要烤鸭！你这个没良心的，你睁开眼看看我呀！"

"吃火锅就吃火锅吧，用给死人烧纸的炉子干吗呀？"

给他们化妆的时候，我的手是颤抖的，眼泪一直在眼眶里打转。一氧化碳中毒的人，肤色如生，脸上有微微的潮红。我轻轻地在他们脸上打一层薄粉，他们看起来和睡着了没什么两样。

通常在追悼会上，作为司仪，我需要主持程序。这次我没有这么做，因为我说不出话来。我组织大家在告别厅站成两排，直接宣布追悼仪式开始，大家绕棺瞻仰，三鞠躬，结束。

日子一天一天地过，却从没想过他们会这样告别。他们自己，又何曾想过……

看淡生死的人

白天看人哭,晚上逗人笑。

这是我的职业常态。

一次晚上演出结束,已经11时许了。

在后台,我问:"有跟我走的没有?我给你们捎走。"

另一个相声演员开玩笑说:"谁捎都成,不能让姜老师捎,一"捎(烧)"就成灰了!"

1998年,18岁的我参加工作,住了好多年职工宿舍。一群看淡生死的人凑到一起,产生了很多笑话。

1

我们轮流值夜班。在业务区值夜班,最初休息的地方是

最后的顾盼

没有床的。有的同事自己买了钢丝床,一名老师傅特别不忌讳,轮到他值班,就随便推一辆接运遗体的担架车,拿酒精擦得干干净净,把被褥往上一铺,就在担架车上睡了。有次碰巧他又值班,照旧拉了辆担架车躺下睡。

几个年轻人恶作剧,围上去,悄悄在他周围摆了一圈菊花。默默看了好一会儿,瞅他睡得正香,于是更来劲了。人手一枝菊花,轮流往他身上放。许是花香冲了鼻子,他打了个喷嚏醒了。一睁眼看到十几个小伙子做默哀状正在偷看他。老师傅也不生气,拍着大腿笑道:"怎么回事?你们这帮孩子!等我哪天真不在了,你们别忘了多给我放两朵花!"

2

那时电话和手机都不是很普及,白天经常有人直接上门办理业务。晚上订车或预约火葬的情况很少,即便是下午,也很少有人过来,所以我们通常下午三点多钟就下班了。除非处理交通事故,大部分时候,下班以后整个殡仪馆就安静得很。

一天晚上11点左右,我正在宿舍睡觉,迷迷瞪瞪地听到楼下似乎有人说话,声音远远近近:"在哪儿呢,是这儿吗?"

"是吧,慢点,您别瞎走。"

"你问问。"

"问谁去呀!"

我那时刚工作,还有点胆小。当时是老馆改建,赶上了间歇性的断电断水,外面一片漆黑。我一下子吓醒了,回过神,往窗外一瞧,影影绰绰地看见三个影子摸着墙根慢慢地挪动着。那种害怕在黢黑安静的夜里,显得格外远阔。

"莫非是有人询问业务?"我心想。

我胆战心惊地把窗户推开了。伴随着推窗的动作,听见"啊"的一声惨叫,只见其中一个人一屁股坐到了地上。我倒是一块石头落了地,想着"是人啦!怎么会有胆子这么小的鬼呢?"

我问:"楼下的,什么事?"

坐在地上的那个人长舒了一口气,喘着:"干吗呀?吓我一跳。"

另一个人说:"家里刚刚老了人了,我们来订个车。"

我指着他们身后说:"您从这边出去,拐到那边,奔亮灯的地方去。"

末了,三人又回头说了一句:"师傅,您可吓死我们了!"。

"你们也吓得我半死呢!"

3

遇到没有业务的晚上,值班的同事就凑在一起打牌。

过去打牌,流行让输家往脸上贴纸条,钻桌子,学狗叫,扮猪拿鼻子拱牌。因为挣得不多,大家都不愿意玩钱,时间一久也就腻了。怎么才能有意思呢?有人出了个主意,用祭奠用的元宝当筹码,一人抱一箱子元宝,开牌。后来元宝不够了,加上金条,一根金条顶五个元宝,一群人玩得不亦乐乎。全天下,也就殡仪馆的人这么玩吧。

后来殡仪馆实行了二十四小时服务制,晚上业务增多,职务分工也越来越明确,规章制度越来越清晰严格,所以早年的热闹就消失了。

4

殡仪馆食堂有一名赵师傅。一天晚上大家围坐在一起,吃喷香的烙饼。一名老同事进厨房说，我弄点咸菜去。就瞧锅台上搁了一块蓝色条纹的抹布。他起了好奇心，拿起来一瞧，竟然是一条内裤！

老同事很窝火地拎出来问赵师傅："这是什么东西？"

赵师傅说："啊，这是我的，没用了，拿它擦饼铛了。放心吧，我洗干净了。"

"那也是裤衩儿啊！"一帮人放下吃了一半的烙饼，一起把赵师傅攒了一顿。后来，"裤衩儿擦饼铛"成了殡仪馆每名新人必知的经典故事。

5

有一回，馆里办联欢会，就餐时一名领导心血来潮："大家说一说，你们原来都是干什么的？"大家七嘴八舌地说了起来。

馆长当过兵，曾在部队做宣传干事，复员到民政局工作，进而转战殡仪馆。我当时是办公室主任，从小就说相声。车队队长，是退役消防兵。礼仪组组长，原来是名兽医。火化组组长，原来是床单厂的电焊工。后勤组组长，原来在药品批发公司开车。业务组组长，原来在冰棍厂做冰棍儿。

说完了大家就乐:"真是什么人干什么事啊,换汤不换药!"

领导说:"因为你们在以前的岗位上都经过锻炼,有相关的工作经验,才能做今天的岗位。你以前干什么,跟现在不是没有关系的。"

真是验证了一句话:殡葬是社会学。

6

一个老职工曾说起结婚的故事。对象不好找,介绍一个又一个,一听在殡仪馆工作,人还没见就黄了。实在没辙,托关系调去其他单位。结婚以后,好说歹说说通了媳妇:"我还得回殡仪馆,我就愿意干这个,这是积德的事。"

老职工又调回来了。媳妇气坏了:"原来你换工作就是为了骗我嫁给你啊!"说归说,两人依然很幸福,外人怎么看怎么说,就由他们去吧!

7

我们平时开玩笑,也离不开"死亡"。比如形容岁数大,喜欢用路程比喻。以北京大兴区的黄村为界，黄村往南，是一个加油站，过了加油站，是天堂河，过了天堂河就是我们单位了。我们会说："我这岁数，告诉您吧，都快到天堂河了！"言外之意，就是快奔大兴殡仪馆了。

大兴区内的各医院太平间基本都是由我们协助管理。职工住院，同事们去探望时，车就习惯性地停到太平间门口。叫上太平间的工作人员，大家一起就奔病房了。病房一般都是六七个人的大间。我们这帮人说话没忌讳，见面第一句就说："呵，还没死呢。""太平间都给您留好位置了，差不多得了啊。"其他病人的家属听得一愣一愣的。

可是一旦真有个紧急情况，大家都争着跟死神夺人。该输血的输血，该凑钱的凑钱，该熬夜照顾的就熬夜照顾。

那回老张大病住院，眼神迷离之际还不忘开玩笑："刘儿，我万一挂了，你来给我烧。你给我开大点儿火，快点儿烧，我怕热！"

"去你的，你这大块头，烧起来又费油又费火的。我才不烧你！"

"姜儿，上回你给那个摄影师主持的追悼会，听说可好了，到时候你就照那样给我编个悼词。"

129

"瞎贫什么！斗大的字就认识两筐，肚子里一滴墨水没有，还想学人家文化人？趁早治好了赶紧出院，重新上一遍小学再说！"

"乐队奏乐的时候，你就告诉我们家里的，啥喜庆奏啥。"

"哎哟您有完没完，想死可没那么容易，您就是九条命的猫，再过几十年才轮得到您报到！"

有一搭没一搭开着玩笑，老张眼角突然就湿润了。

"万一我不在了，你记得上个月那年轻大学生告别厅里那种布置吗？那种花漂亮，到时候你记得给我摆一圈。"

"那啥，李师傅，等我没了，给我洗干干净净的，刮刮胡子，你记着！"

"玩笑有点儿过了啊！"

这就是我们平时顺手拈来的玩笑话。真有了事，听起来却格外心酸。

接老张出院的那天，他结结实实号啕了一顿，像个三岁孩子似的。

大家做着离死亡最近的职业，开着离死亡最近的玩笑。似乎只有这样，才能消解日日看到的"别离"。其实哪一句玩笑话，不是真切的叮嘱呢？因为我们都知道，做什么事，都要趁着——来得及。

"白事顾问"

出于对死亡的恐惧和忌讳，鲜少有人主动去了解身后事。丧事怎么办，是很多人的盲区。一旦至亲离开，往往会慌乱。这时候会出现一些"熟人"，帮忙通知单位，组织家属，约车，购买花圈、寿衣，写挽联等，这一类人，我给起了个名字——"白事顾问"。

细说起来，"白事顾问"的发展演变，也是有一个过程的。早期，人们按照亲缘关系发展自身的社交网络，宗族尊长是德高望重的存在。谁家有个红白喜事，主事的是这位尊长，负责统筹人员、资金、物品及策划仪式。这个阶段离我们的生活已经很远，或许只在电视剧里出现。我们姑且称之为1.0阶段。

"白事顾问"

我们的社交网络渐渐依托工作关系展开,"白事顾问"多是单位工会的工作人员、社区里的"热心肠",我愿意称之为2.0阶段。

从前,北京丰台火车站有个老大哥,经常带着职工或家属来我们单位,帮忙写挽联、租花圈、办仪式,或者请我们介绍公墓。北京市团河监狱老干部科有位姓宋的大哥,也是常到殡仪馆,帮着单位同事安排休息室、布置告别厅。

这个阶段,基本还是依靠熟人关系,互相信任,互相帮忙,大家的帮忙主要是"贡献才艺",你会写毛笔字,那你给写个挽联;他会朗诵,那他负责主持。办丧事的过程流淌着同事、亲友间的热乎气。

当一些熟人经常帮忙办理丧事,在这过程中积累了经验或者人脉,也会慢慢发展成服务机构,但又不是传统意义上的中介。中介仅提供信息,他们还提供产品和服务。

我愿意把这个阶段称之为2.5阶段。这个时候不再只是贡献"个人才艺",而是以"统筹资源"为主。

我认识这样一名花圈店老板,因为长了络腮胡,大家都喊他"大胡子"。"大胡子"这个人有点浑不懔,咋咋呼呼,挺能张罗事。医院太平间给他介绍一些资源,他卖骨灰盒、花圈给家属，这样跟家属建立了联系。到办丧事，走仪式的时候，他给出主意，家属也听他的。

但是，他骨灰盒卖得贵。多年前，一个骨灰盒他就卖三四千元。有些家属到殡仪馆一看，同样质量规格的，他贵出去很多，就开始闹。

我师娘去世时，我当时入行不久，没有经验。同事介绍找他买，一个两三千元的骨灰盒，他卖给我300元。我当时心想：嚯！真拿我当朋友！后来渐渐懂了一些，他卖给我的骨灰盒，采用的原料只是一般木头甚至杂木，上个油漆，也就值这个价钱了。

"大胡子"好吃喝，得了糖尿病，走的时候还不到50岁。遗体整容师估计想给他收拾利索点儿，把胡子都刮了，我们去参加追悼会没认出来，走到近处仔细瞧瞧，是"大胡子"！

在农村，我也曾见过一位"大胡子"。

他走村串户搭丧棚，给当事人家里搭灶做饭。一开始就是负责丧事这几天做饭，后来随着找上门的人多了，他业务也扩展了。开始租水晶棺给家属，慢慢地弄一个殡仪车为家属服务。逐渐地越做越大，人手分成几拨，有的负责租借碗盘，有的负责搭棚，有的负责鼓乐队……一个厨子慢慢演变成全能治丧队伍了。

当然，现在也出现了另一类"大胡子"。一些个体或者机构提供的产品或者服务，价格虚高，服务质量参差不齐。那就有人站出来了，帮助家属去维权。这一开始也是朋友帮忙，做着做着发现需求量很大。家属失去至亲，陷入巨大的悲痛，这时候很难做出理性的选择，遇到不靠谱的中介，可能就会被坑钱。等事情过去，想去讨个公道，"维权大胡子"就帮助家属去理论，去把多收的钱要回来，当然自身也未必"规范"。这也算是社会百态吧。

近年来，一些殡葬专业院校的学生，一出校门，几个同学合伙开一家殡葬礼仪公司。上门搭建灵堂，提供居家治丧服务，协助购买殡葬用品，到殡仪馆、墓园协理手续，包括代客祭奠等。

这是比较新式的"白事顾问"，但我还是把他们归在2.5阶段，没有到3.0阶段，为什么呢？从2016年起，我一直从事殡葬培训工作，也在倡导把这些"大胡子"纳入培训范畴，帮助他们统一服务标准，规范服务内容，提升服务水平，真正为老百姓提供良心服务。

我设想，未来"白事顾问"可以独立于具体的商品和服务之外，仅提供咨询服务。服务的时间甚至可以再往前推一些，老人生前就开始规划。趁来得及，了却生前身后事。服务项目应该包括临终关怀，以及去世后对家属的心灵抚慰工作等。

这个工作是非常必要的。在殡仪馆工作多年，我见过形形色色的治丧者。

一名中年大姐，母亲去世，因不了解表格如何填写，找我们帮忙。大姐因过于悲痛，老是走神，多耽误了些工夫。她的丈夫站在院子中央，大声呼喊她，"怎么着，想住在这儿啦？死一个还得搭一个啊。"

你看看，这话多难听。

一名女大学生，母亲去世，情绪崩溃。她的父亲失去妻子，也非常低落。不知哪句话不对，两个人在殡仪馆告别厅大吵起来，相互间指着鼻子数落，边骂边哭，拉都拉不住。

你看看，这多伤感情。

还有一名企业家，父亲去世，客户和下属来了好几名，争着买单。他对父亲感情很深，想独自陪父亲走完最后一程。无奈，社会关系也不得不周全。葬礼最应重视的到底是"人情"还是"人的感情"？

你看看，这……

"白事顾问"

失去至亲，最需要踏踏实实地悲痛、彻彻底底地告别。这时候就让家属尽情地哭泣和悲伤吧，事务性工作交给"白事顾问"。

现在这些工作，在一些城市已经有个体或者机构以社工的方式在开展了，希望越来越系统，越来越规范，越来越普及。

我更希望，有一天，大家都坦然地提前规划白事，不畏惧，不忌讳。

最后的顾盼

你们这全不对

师父丁玉鹏，于2004年1月21日下午卒于家中，享年76岁。那天是农历大年三十。

当天下午1点多钟，我一时得闲，正琢磨着晚上回家吃年夜饭，初一去给师父拜年。突然，电话来了。

"姜笑，爸没了……"师父的长子丁乃魁打来电话。"按咱们商量好的办吧！"头两天刚刚去医院看过师父，当时他正在做透析，人已经非常虚弱了。大家都做好了心理准备，丧事也决定在我所工作的殡仪馆举行。

我找了一名司机，一起出发了。

到了师父家，家人已收拾妥当，我给他磕了三个头。按照事先商量好的，先将师父的遗体安放到殡仪馆，转过年再报丧、办事。

丧礼定在了正月初十,从年三十开始,我这脑子里来来回回就是和师父间的那些故事。

1

小学二年级开始,我就在父亲组织的小花艺术团活动,跟赵亮老师搭档说相声,下街道、去农村,四处表演,爱说爱闹爱折腾。冲着这股精神头儿,父亲认定,这孩子以后适合说相声,于是一心要给我寻个专业老师。

小学四年级,我正式开始跟师父学相声,除了启蒙老师赵亮,是丁玉鹏先生真正地把我带进了相声表演艺术的大门。

当时,师父已从北京青年曲艺团退休,虽然赋闲在家,名声还是远播在外。说起师父的背景,很有点意思。他年轻的时候在青山居做学徒,学的是古玩,后来改行学艺。20世纪50年代初,拜八角鼓前辈金晓珊为师。后又经相声前辈谭伯儒先生引荐,拜在北京市曲艺团相声大师王长友先生门下为徒。在一群师兄弟里,师父排行老四,赵振铎是他的大师哥。

最后的顾盼

父亲下了苦心，去求西河大鼓"马派"创始人——马连登先生的儿子、评书艺术家马歧先生出面，向丁玉鹏先生引荐我。刚开始，师父不同意收我为徒，碍着马歧先生的面子，勉强答应带我三个月，三个月后就不让去了。

我父亲一听，急了，这可不行，买了礼物，央求着马歧先生，两个人天天往师父家跑。那时候我还小，不怎么知情，就看着父亲经常愁眉苦脸地回到家，还常有香蕉什么的给我吃。后来才知道，那是师娘不收礼，硬给退回来的。

师父觉得我年龄小。与我同门的师兄李金斗当时的徒弟都比我大许多，师父觉得不合适，有顾虑。必须要感谢父亲和马歧先生的执着，师父最终点了头。

那天，父亲回到家乐滋滋地找东找西，说是要在文化站举行拜师仪式。看我不明就里地在一边看着，乐了："是给你拜师！差点把主角给忘了！去，叫上你妈，赶紧地准备去！"

这是我第一次经历这么正式的仪式。师父、师娘、马歧、臧鸿、赵亮、马增锟、周建仑等先生都在场，文化站的办公室也不是往常的模样，师父和师娘坐在正中间，马歧、臧鸿、赵亮和马增锟几名先生在两侧坐着，气氛严肃而正式。我不知道该怎么行动，就乖乖地听着父亲和臧爷指挥，给师父、师娘行了拜师礼。

听着马岐先生念阵仗，这才知道，在场的其他老先生有多仗义！赵亮老师并不计较我最终拜了丁先生为师，担起了"代师"的责任，师父不在的时候，赵亮老师代行指导责任。马岐先生前前后后为我的事情没少操心，他是"引师"，引荐人的意思。臧爷跟我们师徒都熟，做了"保师"，担保师父师德、弟子人品。

小花艺术团这些可爱可敬的老人，帮助我一起完成了拜师仪式。直到现在，回想起这一段，还能记得他们当时认真的样子，很温暖，也很感激。

2

这以后，每个周末，我都要到师父家去学习。从广渠门一直到长桥，十多公里的路，我起劲儿地蹬着那辆22寸的自行车，一路上，都被一种做大事的豪迈感支撑着。

师父家住大杂院，只有一间平房，平时我学习都是在屋里摆上一张桌子，师父跟我就在桌前对词儿。师娘不怎么出门，经常坐在边上，有一搭没一搭地看着我们。屋里的光线有些暗，就着光，能看到小颗的灰尘在飞。

师父最擅长的节目是地理图、文昭关、阳平关、对春联、滑油山、五红图等,这些也是我最常被考的节目。

在小花艺术团期间,赵亮老师就是从地理图开始教我,师父也从这一段开始。所以,我对地理图有着特殊的感情。只要听到"出德胜门,走清河、沙河、昌平县、南口、青龙桥……",我就能一溜儿地背出来,词儿就挂在嘴边上。

冲着这股熟悉劲儿,到师父家学习时,我已经能够用心揣摩了,怎么垫话儿,怎么拿捏尺寸,越学越深入。

我当时已经从父亲那里听到师娘退礼的事,所以,我对师娘的印象是脾气执拗。每次见到她,心里多少有些怕,担心她不接受我。可到后来,越来越发现,师娘是拿我当亲孙子一样疼爱的。

师娘也是圈里人,娘家原来是开园子(小剧场)的,会唱大鼓,对相声也略通一二。到现在,我还能记着她当年的样子,就那么闲适地坐在床边上,时不时地瞅瞅师父和我,很少插话。

可每次一见着我父母,她话就多了,今天姜笑怎么了,那天姜笑又怎么了,总是很自豪地跟他们讲我练功时各种各样的事,那种如数家珍的感觉像是在说自己的孙子。每次"汇报"完毕,她都爱补上一句话,"这个小羊儿(我属羊)以后有福!"

3

每次去师父家学习,时间表都卡得死死的:早上9点到,11点下课。然后我去看电视,师父去做饭,12点吃饭,13点我离开。

师父喜欢做饭,师娘基本上不用动手。家里一有人去,师父就爱露一手。所以,每当我去学习,准能吃到师父刚做的熏鸡腿、熏鸡蛋,或是一碗凉凉的红果酱。除了自己动手琢磨,师父也爱跟我讲怎么做饭。别人是寓教于乐,我师父是"寓教于厨"。

有一次,他要为我做一道红烧牛肉,这是道家常菜,我本不觉得有什么特别。但师父喊我站在厨房门口看着。只见师父戴个老花镜,拎着牛肉,对着光左右地寻找纹理,嘴里和我念叨着:"牛肉有纹理的,要找对纹理。"

"切牛肉跟伺候观众最像。切牛肉,得顺着切,下刀要快,这样炖着容易烂,你不能戗着来。伺候观众也是,要顺着观众的心理来,抖包袱要利索,这样效果才最好。"

从学艺第一天,他说的最多就是:学艺先做人。彼时十来岁的孩子完全不理解,我们出生、长大,自然而然地成为一个人,我们本来就是人,为什么还要学着做个人呢?所以,对于这个话题,我一直不以为意。

师父怎么会看不透我这点小心思呢?此后漫长的岁月里,无数次在厨房门口陪他做饭的时光,我逐渐明白了"学艺先做人"。

4

师父也有"较真儿"的趣事。

师父虽然后来从事相声事业,早些年在青山居的修行也一直没放下。我母亲生日,师父知道她喜欢画国画,还特意挑了一个隔釉加彩荷叶尊送给她来装卷轴。

知道了师父的这个情结,师哥还故意逗过师父。

有一天,他带了一块晶体来找师父辨成色。师父的敬业劲儿马上提起来了,先是对着阳光瞅了瞅,看不出名堂。又掂了掂分量,挺压手,询问地看看师哥:"羊脂玉?"还没等师哥反应,师父又自己否认了,"不对,羊脂玉没这么轻。"

他跑到里屋,打开台灯,仔细地转着看。

"水晶？不，结晶不规则。"

"岫玉？颜色不对啊。"

师父把"望闻问切"的功夫用了一遍，师哥在一边偷着乐。听见笑声，师父警觉了，用舌头舔了舔："呸！好你个坏小子，拿块白矾来糊弄我！"

5

小学的那段时光，周末去师父家学艺，平时跟小花艺术团演出，相声已经成为我生命中不可缺少的一部分。等我读初中的时候，各街道的艺术团陆续关停，小花艺术团也遭遇了同样的命运。那个阶段，正是中国相声事业不太景气的一段时间。

我的前途，成了师父和家人的心病。

初中毕业，我去了北京市民政干部学校中专班学习计算机，周末课余，我还是常去师父家，这已经成为一种习惯。师父还是会坚持留我吃午饭，坐在屋里，吃着熏鸡腿，又找到了小时候的感觉。

从中专毕业后，我到大兴殡仪馆做了一名殡葬礼仪师。师父对此很高兴："等我死了，后事还有人给张罗，多好！"

真是应了他老人家的话。

6

正月初十丧礼，在大告别厅举办。李金斗、王文林等一批老师都来了，还来了一些媒体，花圈摆了一屋，倒也应了师父喜欢的场面：热热闹闹地走。

我独自来到整容室给师父化妆。在医院住了许久，老人家瘦得不成样子，刮脸的时候得异常小心，生怕稍不留神伤到了皮肤。给他套上了说相声时最爱穿的大褂，手里放了那把常年不离身的折扇。一看到这把扇子，就想起小时候被他打了那一下子，也是那下子之后，左手再也没往桌子上摆过。往事一下子涌了上来，但也只能先忍住，说服自己像寻常一样，重新整理被褥，和师兄弟们一起将他请入告别厅。告别的时候，我没有站在家属席，而是先将其他亲友招呼好，最后来到师父的灵前。

跪在师父灵前，一言不发，磕头。第一个头磕下去，情绪就来了。咚咚咚地磕着头，后来听搀我的人说，头磕在地上的声音就快把地皮呛起来了，我却没一点感觉。师父走了，失去至亲原来这么痛。从那一天以后，我在工作中更能将心比心了。

也是那一天，《礼记·问丧》，我算真真切切地感同身受：

亲始死，交手哭。

在床曰棺，在棺曰柩。动尸举柩，哭踊无数。

恻怛之心，痛疾之意，悲哀痛疾之至也。

其往送也，望望然，汲汲然，如有追而弗及也。

其反哭也，皇皇然，若有求而弗得也。

故其往送也如慕，其反也如疑。

求而无所得之也，入门而弗见也，上堂又弗见也，入室又弗见也。

亡矣，丧矣，不可复见矣！

7

师父的遗体火化完毕，我和他的长子一起到骨灰堂取了师娘的骨灰。师娘早师父一年离去，我们抱着师父、师娘的骨灰去往公墓，入土为安。

清穴、落葬、封墓、净碑……当大家看到碑文时，忍不住笑了出来。丁玉鹏之墓——这个中规中矩的碑文可不是他老人家的风格。

我师父胆子不大，目击一场交通事故就脸色惨白，语无伦次。可是这老人心里有股子不服不忿的劲头，心里一有不舒服是一定要说出来的。他爱看电视，只要看到那令人气愤的社会新闻，还"骂"上几句。经常听到屋里电视机响着，师父在一边上拍着大腿："你们这全不对！"

师父在世的时候，我们常开玩笑，说以后师父的墓志铭就写这一句："你们这全不对！——丁玉鹏"。所以，当看到墓碑之上中规中矩的几个字，我们都笑了，我们也哭了，师父再也不会说"你们这全不对了！"

8

1998年，我从民政中专毕业以后，进入殡仪馆工作，师父说："挺好，起码不下岗，是个铁饭碗。"那阵子，下岗是个热词。刚好相声不景气，许多民间传统的玩意都面临失传。毕业以后就有工作，还是事业单位编制，不容易了。当时，我还是时常去看望他，坐在他的小房间吃饭，我们爷俩儿天南海北地聊天，师父还是能从那些生活中的琐碎小事剖析出人生奥义，分享给我。每次聊到最后，都是相声，永远是相声。师父的结束语总能落到"再回来说相声"，直到他离开。

2009年我结婚，徐德亮是我的伴郎。我俩在聊天的时候，他就对我说，"找机会复出吧，现在的相声又好干了，咱们都是'娃娃腿儿'，你也有这个功底。""娃娃腿儿"，是说从小学艺的意思。

2010年底，在朋友帮助和单位领导支持下，我又重新站到了相声表演的舞台上。我想，这应该是一件可以告慰他老人家的事情。

2010年12月复演前的一天，我到师父的墓地。站在墓碑前，看着二老，我告诉他们："我又要开始说相声了，好多年没说了，心中没底，但我希望我能坚持下来，要不然，小时候就白跟您学习了。您保佑我吧！"

写到这里，师父已经离开19年了。我做到了"后事还有人给我张罗"，也做到了"回来说相声"。

最后的顾盼

赵老爷子

1

赵亮老师是我师父丁玉鹏的亲师弟,以前跟京城叫卖大王臧鸿老师搭档,从北京铁路局工程处退休后,到了我父亲所在的文化站,跟几个老爷子一起看大门,过着优哉游哉的日子。

赵老爷子身板儿硬朗,经常是一身的中山装坐镇传达室,特别懂老礼儿,总笑眯眯的,骨子里透着老北京人的那种热情。他跟我爷爷关系铁,我父亲又跟他的长子是同班同学,可以算得上是父一辈、子一辈的交情了。小时候,我常在文化站来回晃悠,对这个随和、安逸的老人家很是熟悉。

曾经一度,我不知道这老爷子会说相声,就像在我眼里，文化站的那帮老人都是冲胶卷的、看大门的。真跟赵老师结上缘，是我小学二年级的时候。

那段时间，父亲跟文化站的老人们起劲儿张罗，要成立"小花艺术团"。我打小嘴贫话多，学校联欢会上就爱讲个故事、说个笑话。父亲寻思着，不如让我在团里说相声，于是开始琢磨给我找个搭档。

一天下班，父亲郑重其事地告诉我："搭档找到了，是赵亮老师，这可是个有经验的老演员，你可跟着好好学！明天就带你去见他。"

"哪个赵亮？没听说文化站还有个叫赵亮的说相声的。"我想不明白。

就这么着，第二天放学，父亲给我换了身干净衣服，带我去了文化站，很严肃地把我拉到传达室，"以后，赵老师给你捧哏，你要好好跟他学习！"

我惊愕了一下，望了望这个看大门的老师，听话地应了一声。

赵老师弯下腰，两手撑着大腿，笑眯眯地盯着我："小子，以后咱爷俩儿可搭伙了啊！"

最后的顾盼

2

那时候的我刚上小学二年级,而赵老师已经六十多岁了。也没什么仪式,简简单单,我接着就被塞了一张词,让边上背去,等下对词。这段相声叫地理图,是我跟赵亮老师合作最多的一个段子。掐指算算,一直到1998年赵老师去世,我们俩合作过不少场,主要节目是经典老四样:地理图、打灯谜、八扇屏、反正话。

可以说,赵亮老师是把我带进相声表演大门的启蒙老师。在这之前,我只能算一个表演欲很强的小孩子,是赵老师让我开始接触到了真正意义上的相声艺术。

那时候的小花艺术团有三十多个孩子。跟我年龄相仿说相声的孩子们都是互为捧逗,唯独我是由赵亮老师捧哏。对这份苦心,我开始可不领情。眼看着别的孩子你一句我一句地轻松排练,轻松上台,完了还能满楼道撒欢。就我自己,大段大段的贯口,一个人被关在小屋里,对着镜子"嘚嘚嘚"地背,真是不情愿啊。当时的我就一个感觉:身边这个老头儿就是图省事儿,自己不用怎么说话,把累活儿都扔给我了!

我用我的方式反抗着。排练和表演的时候都有父亲在边上盯着,我"小心翼翼"地卡词、忘词,然后"惶恐"地望着老爷子,等着看笑话。

赵亮老师总是不慌不忙,笑眯眯的,其实早就把我的小心思读得透亮,却不点明。每次都麻利地接过去,经常还能给观众带来惊喜。就这样,一来二去,从一开始反抗、找碴儿,到后来齐心表演,我一天天地在成长,对身边的这名老师也越来越亲近。

后来,地理图成了团里的保留节目。直到现在,跟父亲聊天,我常感叹他当年的决策英明,对于初学相声的小孩儿来说,身边有那么一个经验丰富的老人站着,是多么珍贵的机会!

3

文化站离家近,我时不时就晃悠过去,有时是蹭地方写作业,后来就是缠着值夜班的赵亮老师对活儿。要是去得早些,还能赶上老爷子的饭点。

当时,值班室有一台老式电热器,两根电炉丝对外散热,两面透风。在赵老师手里,这可是个多功能的宝贝。我们一边对着词,老爷子一边看着表,一到饭点,老爷子就把头转过去，抽出电热器，放倒在地上，小心地把铝饭盒支在上面，再把头转回到我这边，继续对词。

到现在，我还能清楚地记得当时的场景：饭盒在电炉丝上"嗞嗞"地响着，老爷子眉飞色舞地跟我对着词。两遍词对下来，饭菜也就热好了，满屋子香喷喷的味道。老爷子常年多备着一双筷子，就等着我这个馋小子去蹭饭。

有一次，老爷子带了鱼和圆白菜。那个时代，大棚菜还不多见，老百姓能吃到的蔬菜种类比较少，圆白菜算主力。鱼可不是天天都能吃到，只有逢年过节、婚丧嫁娶，才能吃上那么几回。不过，我口福浅，从小有点挑食，不怎么爱吃鱼。

那天，老爷子坚持留我一起吃饭，"吃鱼补脑！"一股脑儿地把鱼都拣给了我。我端着小半碗冒尖儿的鱼，一脸难色地看着他。他以为我不好意思吃，还是笑眯眯地对我说："刺儿多，我怕麻烦！"

说完，老爷子闷头吃着圆白菜，不再搭理我。我硬着头皮坐下来，卖力地吃鱼。现在想想就觉得可乐，那顿饭，肯定是他吃得也难受，我吃得也难受。

赵老爷子

4

赵老师爱喝酒,中午的时候喜欢喝上那么一小杯,小口咂么着,一脸的幸福。

有天中午,我去文化站玩,他正在摆桌子,酒杯刚洗好,扔给我两块钱:"小子,去副食商店给我买两块钱的肺头!"

"得嘞!"这是我头一回听到"肺头"这名字,好奇,拿着钱就往商店跑。

到了副食店,原来"肺头"就是卤猪肺呀,闻一闻,真香。师傅帮我割了两块钱的,切成小块儿,用纸包好,打发我带回去。

出了店门,我忍不住把纸包撕开一个小口儿,又闻了一下,真香啊,顺便把手也伸了进去……就这样,一边走,一边吃,等回到文化站,两块钱的肺头得有一块钱的进了我的肚子。

我忐忑地把纸包递给赵老师,抬头瞄瞄,又把头低下去,等着他发作。

老爷子继续摇着头哼着调子,把东西接过去,问都没问。摆好东西,笑眯眯地盯着我,说:"小子,咱爷儿俩再搬(喝)

最后的顾盼

点儿？"

5

那个时期，正是各街道艺术团最火热的时候，小花艺术团每周都有演出。去街道、下工厂、到农村，最远还去过河北白洋淀。我一直跟赵亮老师搭档，东南西北不亦乐乎地跑着。

三年级那年春节，我们到庙会流动演出，一天赶好几个场子。一大清早，赵老师就带上我顶着风蹬着自行车出发了。赵老师骑着他那辆"大永久"在前面带路，我蹬着一辆22寸的女式自行车紧跟着。北京风大，一老一少弓着腰蹬着车，一路上也没有对话。

路上人一多，老爷子就慢下来，泰然地稳着车把，等着我跟上，扬扬下巴示意我到前面去，他在后面盯着，怕我骑丢了。赶到地坛，稍微喘口气，表演就紧锣密鼓地开始了。一场刚演完，我们俩骑上自行车直奔厂甸，又是一场。

一个上午跑下来，又冷又累。这个时候，最幸福的事就是跟老爷子在庙会上吃一碗热乎乎的拉面。每次他都点一个大碗，给我点一个小碗，撒上香菜，再有那么一点点牛肉片，两个人很满足地哧溜溜吃着。有时候,我不想吃面了,老爷子就变着法儿地带我换着样吃,这次吃卤煮火烧,下次吃炸糕、喝面茶,暖暖乎乎,总能让我吃得很开心。

吃饱了,拍拍肚子,爷俩再接再厉骑回地坛。

现在想想,这路途可真不近,一老一少,就那么起劲儿地忙活着。

6

小花艺术团总共有十多名老演员。老演员里藏龙卧虎,赵亮、臧鸿、马增锟、刘云婷、何启祥、刘树江,都名声在外。每次演出,十里八乡的观众慕名而来,图的就是能亲眼看看他们。可为了锻炼我们,每次小孩子露脸的机会也不少,就这么相互捧着,现场气氛倒也热烈。

那时候,团里的节目单都是由臧鸿、赵亮两名老师安排,我一般是第二个节目。最开始那段时间,从一开场到上场,气都不敢喘,手心儿冒汗,不停地紧张。当时我不理解,还带些怨恨:为什么我老是被放在第二个?幸好,身边还有个赵亮老师站着,不管怎么样,都有人兜底。

到后来,年岁大了,才明白,这是对我的爱护。对于年轻演员，第二场是一个非常好的场口。头一个节目，观众心不静；第二个正合适，再往后，就有对比了；所以，排在第二个节目上场，无论表演好坏，观众都能认真欣赏，演员也能根据观众的反应做出正确判断。

最开始，我们俩的节目一直都是地理图，再到后来，又上了打灯谜、八扇屏、反正话，但都是我的比重大，赵老师捧着。天天对着大段的词，后来竟然有了感情；再后来，每天早晨对着镜子"嘚嘚嘚"上那么一段，成了生活的一部分。

直到成年以后，早晨起来，母亲一推卫生间门推不开，听听里面正在自言自语，就跟老爷子挤眼睛："你儿子又练上了！"

7

就这样，我一直跟赵老师合作，直到拜丁玉鹏先生为师。

那个时候，我从来没想过，也不敢去想，赵老师也会变老。

1995年，赵亮老师金婚。当时我已经读初中了，文化站刚解散，大家舍不得散开，一有机会就聚在一起。趁老师金婚，

赵老爷子

圈里人也都去庆祝,笑林、李国胜、臧鸿老爷子都涌过去了。不大的一个小饭店,满满当当挤了五十多口子人。

那天的赵老师特别高兴,穿了他最喜欢的咖啡色中山装,身板虽然明显虚了,眉眼里的神采还是挡不住,颤颤巍巍地迎来送往。

有人起哄:"想不想让姜笑再跟老爷子来上一段?"

我犯难地看了看赵老师,他正靠在椅背上跟几个老人聊天,看姿势已经很疲惫了,真担心他撑不下来。

"行啊!"老爷子气势上不作难,一把把椅子推开,站起来了,非要走到前面跟我正经地演上一场。

还是地理图,是我跟赵亮老师最初合作的节目,竟也是我跟他的最后一次合作。

那天,也是我第一次清楚地意识到,陪伴了我十年的赵亮老师也老了,有些话已经明显跟不上趟了。就像当年他对我一样,我小心地接着、救场。一个节目说下来,老爷子有些站不住了,双手抱拳行礼,身体看出抖来了。我赶紧扶他坐了下来。

不过,在场的人都说,那是我跟赵老师合作最好的一次。我想,大家心里可能也都明白,老爷子捧了我十年,这可能就

最后的顾盼

是最后一次了。

8

1998年，我参加工作了，赵老师的身体每况愈下。1998年的9月8日，我正在上班，接到父亲电话，他顿了很长时间没有发出声音，最后告诉我：赵老师去世了。定在东郊殡仪馆火化，父亲让我请假，一起送老爷子最后一程。

那年赵老师73岁，被癌症折磨了很长时间。虽然我知道，这一天总是会来，但还是太快了。不久前，我还才去医院看过他，当时的赵老师精神不错，靠在床边上还跟我聊工作和家里的事。

我跟父亲一起去给赵老师送行。

一进告别厅，赵老师的女婿拉住我："告别横幅怎么写？"言语里透着信任。

"就写'赵亮老大人千古'吧。"面对这个陪伴了我十多年成长的老人，我无意去搜罗那些漂亮话，也觉得那些话都不及这一句来得实在。

身旁的父亲情绪有些失控，眼里噙着泪水，步子缓慢，手抖得很厉害。我知道，其实，在我们爷俩儿心里，赵老师的地位无异于我的爷爷。

我搀着父亲，一起上前鞠躬行礼。赵老师合着眼，仍旧是那个随和的神情，我感到有些宽慰，握紧了父亲的手，对他点了点头。

9

告别仪式结束后，等着取骨灰。我坐不住了，一个人绕到了火化车间后面。

"姜老师！"真没想过，碰到了熟人，一个给我们殡仪馆安装过火化炉的工人。我想再看一眼赵亮老师，就托他把我带进了火化车间。

这个时候，赵老师的遗体已经火化完毕，工作人员正在对骨灰进行筛拣、装殓。光线不是太好，我就在一边上看着，眼睛越来越模糊，不知道能做什么。

"小子，以后咱爷俩儿可就搭伙了啊！"我脑海里又翻腾起这句话。

最后的顾盼

常回来看看

惊悉郭明礼先生去世,不胜唏嘘。

他是引领我走入殡葬行业的第一名老师。

1998年清明节,我被分配到骨灰堂工作,负责接待清明祭扫家属。他也从火化车间抽调上来,带领我们这帮毕业生看管寄存室。

那是我和他的第一次见面。那年他58岁,头发稀疏,鼻头微红,穿一件马甲背心。据说马甲是他的"小金库",每天怀揣"巨款",生怕被别人摸了去。

他十分健谈,经常给我们讲殡仪馆的段子,每天嘻嘻哈哈,化解着我们初入殡葬业的恐惧与慌张。

清明节过后,我们被分配到火化车间,在他和各位师傅的带领下开始学习遗体整容和火化。

那时的遗体整容，不像现在有一套完整的服务标准和流程。当时比较简约，拿棉花擦粉底和腮红，最后涂涂口红便结束了。我们很快就掌握了这项"本领"，顺利出师。我曾傲慢地认为，他也不过如此。直到一次特殊的缝合，改变了我的认知。

逝者因车祸去世，后脑头皮撕裂，需要进行缝合。他带着我来到冷存室，拉开冰柜，将遗体放到了担架车上，准备开始缝合。

"纫针。"他对我说道。

我纫好针递给他，眼睛眨也不眨地盯着缝合的过程。他动作麻利，进针、出针又快又好，缝得很平整。我心想：还别说，他手上的活儿还真不赖。

这时，他对我说："你看着我的手，先往这，再往这，这样走线。好了，剩下的你接着来。"

那时也没有一次性手套，就是徒手缝合。夆着胆子，我就这么上了。等到缝合完毕，看着自己满手的血迹，愣住了，头脑一片空白。

"发什么呆呀，没事儿！"

"血算什么，回去拿酒好好洗洗，啥也不耽误。"

他喜欢喝酒，酒量不大，酒瘾不小。有事没事，就得来上一口。高兴了就哼上一段儿"过门儿"自娱自乐。

他也是个有故事的人，同事们也常和他开玩笑，打哈哈。"当面叫大哥，背地叫大郭，独自一人喊'破锅'"的顺口溜也在我们口中传了很久。

2000年6月，他退休了，殡仪馆举行欢送会。会上，每名职工都对他表达了祝福。当时我很激动，轮到我发言的时候，语无伦次地回忆了和他一起工作的时光，最后我来了一句"没事您就常回来看看，火葬场的大门永远向您敞开着。"大家都笑了。

欢送宴上，他特意过来和我喝了一杯，对我说："我家大门也向你敞开着，没事就常来啊。"他举着酒杯，歪着头和我说话的样子，仿佛就在眼前。

沉痛悼念马瑞生先生

2022年春节假期后第一个工作日，同学打来电话："告诉你一个不幸的消息，马瑞生先生去世了！"马瑞生时任北京市大兴区殡仪馆馆长，是我参加殡葬工作后的第一任领导，也是他把我们四名学生招聘到大兴殡仪馆。

1998年3月17日，一辆高顶面包车到学校来接我们。前来接我们的人一共两名，其中一名就是马馆长。到殡仪馆的第一天，也是他带着我们参观工作环境，熟悉单位同事。

当时殡仪馆正在改扩建，老馆北侧一座连体式告别厅拔地而起。彼时，我还没有意识到，未来我人生中许多回忆都将发生在这里。他一边走一边向我们介绍："这是告别厅，这是骨灰堂……"

语言亲切风趣，介绍骨灰堂负责人时，他说道："这名是骨灰堂堂主。"在火化车间，他不紧不慢地说："小伙子们，现在到了风口浪尖了，可不能胆小！"年轻人的好奇心驱使我们紧紧跟在他的身后，生怕掉队。

就这样，我们四个开启了为期三个月的实习，也开始了与他的"亲密接触"。

殡仪馆有职工食堂，实行饭票制，晚上值班可以买一瓶啤酒。他的餐具很简单，两个老式蓝边瓷碗，一双筷子。即便是可以买啤酒的晚餐，他也是打开盖子对瓶吹下去，再扒拉两口菜就齐了。

他喜欢打乒乓球。多功能厅有一张乒乓球台，每天下午都要打上几局，打得顺手便得意洋洋，遇到"臭球"，小手绢擦汗频频，连卷带骂。

没事儿的时候，就和我们聊天，最爱讲的段子是"认干爹"——

那个谁（单位同事）刚来的时候管我叫"爹"，每天倒水递烟。过了一年多管我叫"二爹"，我寻思着"二爹"也行。结果没过几个月，他管我叫"傻二爹"，如今可好，"爹"没了，直接叫"傻二"了！

说完，他自己哈哈大笑，我们也听得乐不可支。

但工作他可是细致严谨、一丝不苟，而且特别有自己的办法。单位的基本项目开票收费，被他编成了顺口溜：七五八三一二零，听起来像是情报密码。火化费75元，消毒8元，装灰3元，遗体袋120元。

工作中的马馆长，特别有担当。当时馆内值夜班的人员不多，他除了不开车，其他的业务都亲自上。收款结算、预订车辆、火化遗体、寄存骨灰，每一样业务都熟悉。

每到值夜班，他便把被窝卷扛在肩上，嘴里一边嘟囔着"滚蛋了，走人了"，一边往值班室去。当时殡仪馆承接铁路事故遗体接运，每当接到路外接运电话，便叫上我们一同前往，名曰"练胆儿"，其实就是想多锻炼我们。遇到人手不够，他也总爱叫我们帮忙，每次动员我们的话是：就当那谁没了，你们顶上去。

他的语言是朴素的，甚至有些粗糙，但对于生命的悲悯，却是华丽的。他是想告诉我们这些年轻人，做殡葬这行，就得把逝者当成自己家的亲人，这样才能提供更好的服务。

最后的顾盼

可以复制的大师

2008年,我参加第一届全国民政行业职业技能竞赛殡仪服务员赛项,取得银奖,从而荣获"全国民政行业技术能手"称号。这也就是今天这本《中国殡葬大师职业手记·最后的顾盼》的原点。

近年来,随着大国工匠选树工作的启动,国家对于我们这些靠技能吃饭的人员,越来越重视,越来越尊重,我们被尊称为"大师"。但我不敢自称"大师"。

18岁入行到今天,我是跟着前辈一步一步走过来的,往近了说,是殡仪馆那些老殡葬人一手一脚地传给我手艺。

往远了说,是民政部全国民政行业职业技能竞赛成全了我。这个竞赛的意义,不只在赛场,还是在每一天具体细微的工作中。

再往远一点说，殡葬文化是咱们老祖宗一辈一辈流传下来的，《礼记》中关于治丧早有规训。尽管现在的形式与几千年前不一样了，但是咱们中国人的孝道没有变过。2023年夏，在青岛举办的第九届中国国际殡葬设备用品博览会上，有不少来自各地殡仪馆的追思会、告别会展示。我也帮助江苏省东台市殡仪馆策划并撰写了沉浸式情景追远仪式《孝思不匮汇仙缘》。

这个剧本的创意是从全国非物质文化遗产董永传说而来，董永的父亲去世后，家贫如洗，无力为父治丧，于是他挂了一块牌子"卖身葬父"。什么意思呢？董永把自己卖给富人家为仆，换来钱为父亲治丧，丧事结束，他就去做长工还债。"我的身体发肤都是父母给的，我没有房没有地没有钱，只有自己，那就卖自己，为父下葬。"

我们的传统文化根基太深厚了！这种情感浓度太大了！有了这样的精神，我们今天的殡葬文化才有传承的原动力。

所以，我又怎么敢自称大师呢？我们应是殡葬文化传承者才对。

近些年，我一直从事职业竞赛的培训工作。我是从竞赛出来的选手，得益于竞赛的滋养，我也帮助一些选手从竞赛脱颖而出，成为"全国技术能手"，我们一起传承殡葬文化。

在具体的培训工作中，我也收获一些心得。

小吴是2022年竞赛"全国技术能手"获得者，但实际上他从2016年就参赛了。他自身很热爱殡葬事业，家里也很支持，在工作中有非常好的积累。在竞赛准备阶段，我每次给他讲解的内容，也都能做到举一反三。

2016年，当时竞赛分了两个场地。竞赛结束之前，一般会有倒计时10分钟的提醒，由于场地问题，很可惜他没听到，出现了延迟。即使如此，他当年还是拿了全国二等奖。尽管非常可惜，但足以说明他的优秀。

2018年，他再次参赛。我连夜赶去上海为他辅导，我们几乎是彻夜未眠，一直在反复练习，做着最后的准备。这个竞赛有一个模块是主持追思会，他表现得非常好，台风稳健，语句流畅，情绪饱满，一切都很完美。但是！可怕的"但是"又来了。

我们日常工作时候，通常是告别仪式，遗体躺在告别厅中央。竞赛时，是追思会，没有遗体。小吴在追思会最后，惯性地说了一句"我们把遗体请出来"。就这一句裁判们纷纷扣了分，即使如此，他仍然获得了一等奖，得分排在了一等奖的最后一名。

直到2022年再度参赛，很多事已经变了，他从一线调到行政岗位。但他积极报名，从单位赛一路打到市赛，从市赛脱颖而出，最终闯入全国决赛。他比别的选手更懂得珍惜，珍惜参赛的机会，珍惜培训的机会，珍惜荣誉。

每个选手不一样，像他这样的老选手，他有经历、有经验，他的实力其实并不要一个名次来证明，但他心里的"坎"需要一个名次帮他迈过去。赛制有改变，他一直努力适应。尽管离开一线工作已有一段时间，通过培训，他很快就找回了状态。因此，对他，我更注重心理上的支持。

当然结果也是好的。这个竞赛的全国前三名，才能拿到"全国技术能手"，他还是拿到了。他自己也总结，通过这个竞赛的培训，最主要是对日常的工作有很大帮助，是真正在精进技能。

小卫是2018年竞赛出来的"全国技术能手"，她是北京成长起来的选手。

2016年，小卫和小吴在一个考场，她也没听到倒计时提醒，也是全国二等奖。她的优势是感受力好。我们说做殡葬，是最需要付出感情的服务业之一。技能可以培养，但要真往外掏出感情来，有的选手打不开自己。那年的竞赛有个题目是艺术家的告别仪式，她就完成得特别出色。

她现场台风也好，一点不紧张。2018年就算冲顶了，拿了"全国技术能手"。通过竞赛，人的技能、眼界、见识都得到了升华，也在殡葬行业有了更多施展拳脚的机会。现在北京成立了以她名字命名的市级技能大师工作室，她也获得了北京市政府技师特殊津贴。

2022年竞赛学生组北京选手小赵，她在北京赛时候成绩不是特别理想，排名第三，无缘决赛。距离全国赛不到一个月，前面一个选手因为身体原因退赛了，才把她调上来。

只有短短24天，她还在清明实习中，时间很紧张，备战时间非常紧张。她年纪还小，看上去漫不经心，玩世不恭，也不太着急，但是我很快发现她就是竞赛型选手，很稳。听她说在学校一直是年级前五名的成绩，这就是哑巴吃饺子——心中有数。

小赵和小吴、小卫又不一样。职工竞赛，作为成年人，除去技能，还考验人的眼界、见识、阅历、承受力。但小赵毕竟还是个学生，和她同台竞赛的学生，阅历都差不多。因此，对她的要求就像学校考试一样，吃透竞赛规则，按部就班刷题练习，再做错题。

她最后拿了全国三等奖。听说已经有单位和她签约了，也正式进入殡葬业。我对她的成绩很满意，通过竞赛，她让用人单位看到了她的知识储备、应变能力和发展潜力。现在她有了工作，有了收入，这是第一步。

未来，她再参赛就是职工的身份了，下一次培训，下一次竞赛，下一次相遇，可能就是下一个大师的诞生。

每个选手不一样，培训侧重点不一样。同一个选手在不同阶段的培训侧重点也不一样，在单位赛、市赛、省赛、全国赛，考验的角度不同，遇到的对手不同，需要给他们的支持也不一样。

因时因事因材施教，这也是这些年参与竞赛培训的一点心得。

当然，这些年下来，我也在这些选手身上学到了很多东西，这就是教学相长。比如小吴的执着，小卫的感受力，小赵的稳定。学会欣赏，也是作为一个培训教师至关重要的部分。

想写写年轻的殡葬人，就选了几名竞赛中优秀的选手来写，让我取个题目，就叫"可以复制的大师"吧。做殡葬很简单，就是一颗心啊，让我们接力下去吧！

后 记

生命是一出忧伤的喜剧

1998年我从学校毕业,被分配到殡仪馆工作。当时很多人非常直白地说:"你好好的一个孩子干什么不好,为什么要去烧死人?回头连对象都找不着!"

我哭笑不得。一代代人流传下来的殡葬文化,在人们眼里只是"烧死人的"。那么它对于生命的意义,对于历史的记载,对于文化的传承又将作何理解?

怀着无法辩白、无从解释、无从阐述的心理感受,我毅然决然地坚持了自己的路,并且决定一步一认知,从茫然到有识,从感性到理性,从养家糊口的一份工作到视它为毕生的事业,无悔地认真对待我的这一终生选择。

我亲眼观摩过一个台湾的朋友进行遗体SPA，整个过程如同现场观看了一次神圣的艺术表演。伴随着轻柔的音乐，他身着素衣，先向遗体鞠躬，而后以虔敬的态度和轻柔的动作清洗逝者的全身，逝者身体上始终覆盖着洁白的毛巾，没有一丝尴尬。按摩、涂面膜、润肤、化妆，全程120分钟。经历了SPA的逝者面容洁净如重生，给我内心带来极大的震撼。

我曾看过一部话剧，叫作《喜剧的忧伤》。主人公写出了非常完美的喜剧，但是创作的过程充满坎坷和无奈。都说喜剧的内核是悲剧，最好的喜剧往往带给观众的体验是笑中带泪。

看过这部话剧，我深切地感受到主创想传达的那种生命的辩证性。如果活着不尽然是喜剧，那么死亡也不必被全然当作悲剧来看待。

虽然生命走向死亡的结局不可逆转，倘若我们的整个人生过程，乃至告别逝者的过程，是充满真实的回忆和感动的，未尝不是一件值得欣慰的事情。如果人生是一个加了引号的喜剧，那么殡葬就是一出忧伤的喜剧。

如果说生命是一出忧伤的喜剧，我们都要保持一颗欢脱跳跃的心，毫无保留地爱，不遗余力地付出，赤诚坦荡地拥

后　记

有！哪怕有一天，我们终将走到生命的终点，天各一方，也无怨无悔！

姜笑

2024年10月